Olivier Guez
*Lob des Dribbelns*

Olivier Guez

# LOB DES DRIBBELNS

Über den Mythos
des südamerikanischen
Fußballs

Aus dem Französischen von
Nicola Denis

Titel der beiden Originalausgaben:
*Éloge de l'esquive*, Paris 2014.
*Une passion absurde et dévorante*, Paris 2021.

ISBN 978-3-351-03972-1

Aufbau ist eine Marke der Aufbau Verlage GmbH & Co. KG

1. Auflage 2022
© Aufbau Verlage GmbH & Co. KG, Berlin 2022
Une passion absurde et dévorante © Éditions de l'Observatoire /
Humensis, Paris 2021
Éloge de l'esquive © Éditions Grasset & Fasquelle, Paris 2014
Einbandgestaltung zero-media.net, München
Satz LVD GmbH, Berlin
Druck und Binden CPI books GmbH, Leck, Germany
Printed in Germany

www.aufbau-verlage.de

*Wer sind die besten Dribbler der Welt, und wer die besten Torjäger? Die Brasilianer. Ihr Fußball ist demnach reinste Poesie: Er kreist ausschließlich um Dribblings und Tore.*
PIER PAOLO PASOLINI

*Die leichten Füße gehören vielleicht selbst zum Begriffe Gott ...*
FRIEDRICH NIETZSCHE

*You know in football, people are mad. Football makes people mad.*
SEPP BLATTER, EHEMALIGER PRÄSIDENT DER FIFA

*Einleitung*

## Kurzpässe, immer wieder

Ich hatte eine glänzende, eine außergewöhnliche Karriere als Fußballer vor mir. An einem Nachmittag Ende Juni 1986 bat der Coach meine Mutter nach dem Training der Jugendliga des AS Menora zu sich. Winzig, die Hände in die Hüfte gestemmt, unterhielt sich Maxime Elkaïm im Schatten der Reservebank mit Sylvie Guez im beigefarbenen Kostüm, während Gigi Wolff, Carsenti und ich in der untergehenden Sonne Elfmeter gegen Schuschanowic übten, den glücklosen Torwart des Vereins. Am Vortag hatte Maxime Elkaïm beim Spiel Argentinien gegen England eine Erleuchtung gehabt: Er hatte an mich gedacht.

»Er ist also so gut wie Maradona, wirklich?«, stammelte sie verstört, was eher selten der Fall war.

Trotz der späten Uhrzeit und des Musikunterrichts am darauffolgenden Morgen hatten auch wir das Viertelfinale der Weltmeisterschaft geschaut. Und wie Elkaïm und die ganze Welt war meine Mutter, die sich eigentlich nicht für Fußball interessierte, hin und weg von den beiden Toren des argentinischen Genies: Das erste hatte er vor den Augen des Schiedsrichters mit der Hand ins Tor geschmettert, das zweite nach einem atemberaubenden Slalom durch die Reihen der englischen Verteidiger, an denen er vorbeifegte wie an Torstangen.

Maradona, Maradona.

»Mit Verlaub, gnädige Frau, wir wollen ja nicht übertreiben«, sagte der Trainer. »Aber Ihr Sohn hat ein bisschen was von Jorge Valdano.«

Braune Locken, große Füße, eine imposante Statur – Maxime Elkaïm hatte ein Auge dafür: Ich war ein Doppelgänger des *goleador* von Real Madrid, der es an die Spitze des Weltfußballs schaffen würde. Seit zwei Spielzeiten machte unsere Jugendliga, deren Kapitän ich war, Elsass und Lothringen unsicher. Trotz Schuschanowic (der Vater Serbe, die Mutter [jüdische] Marokkanerin) war das Wunderteam des AS Menora unschlagbar, eine Maschine, spielfreudig, technisch versiert und einfach hinreißend. Die Mittelfeldspieler Bopp, Wagner und Schaub hießen »Pac-Mans«, weil sie jeden Ball abfingen. Hinten sorgten El Chino Teicher, Sebbanowski, Carlito Mimoun und der große Sy für eine sichere Abwehr. Auf den Flügeln verweigerte sich Gigi Wolff zwar Kopfballduellen, schlug dafür aber ausgezeichnete Flanken – er konnte beim Fahrradfahren übrigens mit einem Tischtennisball jonglieren. Links rannte Carsenti unermüdlich hin und her und war trotz seiner Trikofalbrille ein beherzter Luftkämpfer. Er versorgte mich mit Pässen, mich, das Bison, den Kanonier, zwischen 1984 und 1986 dreifacher Torschützenkönig bei den Jugendspielen von Elsass-Lothringen: El Guez!

»In meiner vierzigjährigen Fußballkarriere habe ich in ganz Nordafrika und Frankreich noch keinen so begabten Jungen erlebt«, sagte Maxime Elkaïm. »Madame, Ihr Sohn hat Gold, Diamanten, Platin oder sonst was an den Füßen. Er sollte ins Ausbildungszentrum eines Profiklubs.«

Am nächsten Tag besprach sich der Familienrat am runden Wohnzimmertisch, und mein Vater war zu meinem großen Erstaunen einverstanden mit meinem Transfer zum RC Strasbourg. Ich vollführte einen Dreifachsalto in der Küche, zerbrach bei der Landung zwei Teller und rannte ohne Abendessen in mein Zimmer, um meinen Azteca in die Arme zu schließen. Mit der Ablösesumme leistete sich der AS Menora einen heimtückischen (italienischen) Stürmer namens Merlino und organisierte zur Feier meines Abschieds einen Grillabend. Schuschanowic weinte, und Carsenti knutschte im Keller des Vereinshauses mit Johanna, Elkaïms einziger Tochter; Sebbanowski und Carlito Mimoun gaben sich zum ersten Mal die Kante.

Da wir die gleiche Frisur hatten (einen hellbraunen Pony), nahm mich der Mittelstürmer von Racing unter seine Fittiche. Peter Reichert verbesserte mein Stellungsspiel und mein Timing; er brachte mir Deutsch bei. Auch beim Vereinspräsidenten, dem Designer Daniel Hechter, hatte ich ein Stein im Brett. Am Ende der Spielzeit schenkte er mir einen Kommunionanzug, den er selbst entworfen hatte: eine kurze Hose und weiße Kniestrümpfe, einen dunkelblauen Blazer mit der aufgedruckten 9 und eine königsblaue Fliege. Sobald mein Auftritt beendet war, konnte ich nicht umhin, auf dem Vorplatz der Synagoge mit den im Bus angekarrten Deppen und von den Vereins-Majoretten angefeuert – *1, 2, 3, Menora hip hop, Menora olé ola* –, zu kicken. Obwohl El Chino Teicher, der gut, aber ungeschickt war, ein Glasfenster zertrümmerte, strahlte Daniel Hechter über das ganze Gesicht: Als er mich wie einen Innenverteidiger im Stil der Fünfziger dribbeln sah, beschloss er, Racing künftig mit knielangen Hosen spielen zu lassen. Der ästhetische Urknall des Fußballs, die Rückkehr der Bermudashorts, ist also – leider – mir zu verdanken (und Daniel Hechter, so fair will ich sein). Sämtliche Ausstatter – Adidas, Puma, Nike – folgten unserem Beispiel.

Von Spielzeit zu Spielzeit wurde ich immer besser. Seit seiner Wiedereingliederung in Frankreich hatte das Elsass noch keine Supernova meines Kalibers hervorgebracht. Als ich mit sechzehn bei der ersten Mannschaft anklopfte, verkaufte Racing gerade Youri Djorkaeff an den AS Monaco. Die Gebrüder Panini schickten Henri Cartier-Bresson vorbei, damit er für das Album der kommenden Spielzeit mein Porträt schießen konnte. Mein Ruhm war über den Kamm der Vogesen und die Gipfel des Schwarzwaldes hinausgewachsen: Der PSG und Bayern München wollten mich. Erneut wurde ein Familienrat anberaumt. Man bestellte Maxime Elkaïm und Peter Reichert, meine Wohltäter, ein. Meine Mutter holte die Ausziehplatten für den runden Tisch, mein Vater schnitt eine ungarische Salami auf und entkorkte seine beste Spätlese. Im Hause Guez ließ man sich nicht lumpen. Doch Elkaïm und Reichert futterten die iranischen Pistazien, ohne sich einigen zu können. Wir ließen das Los bestimmen, mein Schicksal kippte, meine Schwestern vollführten Freudentänze: Drei Tage später war ich auf dem Weg nach Bayern, auf der Rückbank von Franz Beckenbauers Luxus-Mercedes.

Ach ja ... wenn! Wenn nur ein Bruchteil dieses Märchens wahr wäre. Ich war kein zweiter Valdano, das stimmt alles nicht, abgesehen davon, dass Schuschanowic wirklich ein schlechter Torhüter, aber kein schlechter Flügelstürmer war, dass Elkaïm O-Beine hatte und Djorkaeff in dem betreffenden Jahr tatsächlich nach Monaco transferiert wurde (allerdings aus anderen Gründen). Und – dass ich absolut fußballbesessen war, ein Aficionado, ein Fanatiker, ein bedingungsloser Fan. Ich, der komische Vogel, spielte Fußball, las ein bisschen und spielte wieder Fußball, jeden Tag, in der Schule, im Park, im Verein, auf der Straße, selbst bei Schnee (mit einem orangefarbenen Ball, dem absoluten Muss) und im abschüssigen Innenhof des Familienschlosses (was mir zwei gebrochene Arme bescherte – dabei regnete es noch nicht einmal). Das dumpfe Geräusch des Balls. Die Freude, ihn zu zähmen und zu streicheln, ihm ab und zu einen festen Fußtritt zu versetzen, ihn durch Gigi Wolffs X-Beine zu kicken, und dann, nach einer Serie von Dribblings, der Jubel über den Treffer: die Arme nach oben gereckt wie meine Idole, an einem Strand in Marokko oder in Venetien, und die spektakulären, raubkatzenartigen Paraden im Swimmingpool, wenn mein Vater mir einen Elfmeter zuschoss.

Mehrere Spielzeiten lang verwandelte der Kleine das Familienwohnzimmer in einen Strafraum. Er füllte zwei, manchmal drei Panini-Alben pro Jahr – französische Meisterschaft, deutsche Meisterschaft (in der Innenstadt hatte er einen Kiosk ausfindig gemacht, wo es auch Bundesligabilder gab), internationale Wettbewerbe –, und er aß unter den missbilligenden Blicken des Oberkellners im Hotel Caravelle (Lido di Jesolo, Sommer 1984) von Kopf bis Fuß als Küken von Inter Mailand verkleidet zu Abend (oder von Atalanta Bergamo, denn auf dem schwarz-blau gestreiften Trikot gab es weder ein Abzeichen noch Sponsorennamen), die Strümpfe bis zu den Knien hochgezogen (aber ohne Schienbeinschützer). Er graste die Märkte nach Trikots ehemaliger Meister ab (Mönchengladbach, Ajax, Saint-Étienne) und zählte ab dem 1. Januar 1990 in einem Indiana-Jones-Kalender die Tage, ein echter Countdown, bis zur Weltmeisterschaft in Italien. Der Knirps las *L'Equipe*, *France Football*, *But*, *Onze* und *Mondial*. Er spielte Tischfußball und Subbuteo, ein in den Siebzigern sehr beliebtes Tischspiel aus England. Auf dem Esszimmertisch seiner Großeltern breitete er einen grünen Filzteppich aus und schnippte mit dem Zeigefinger kleine, auf einem rundlichen Sockel befestigte Figuren mit halblangen Haaren an, damit sie den taubeneigroßen Ball ins gegnerische Tor kickten. Bei der *Fée des jouets* besorgte er sich seine Mannschaften, elf Männchen in den grün-weißen Vereinsfarben von Celtic Glasgow (Europameister 1967), elf orangefarbene Figuren der legendären Holländer um Johann Cruyff oder aber blutrote Liverpooler – das Ganze in olivfarbenen Schachteln, so verlockend wie Schokoladetafeln, die ihm die Ladeninhaberin, eine alte Dame, von der anderen Seite des Ärmelkanals mitbrachte. Für das extrem langsame und technisch ziemlich anspruchsvolle Subbuteo interessierte sich sonst allerdings niemand, nicht einmal Gigi Wolff oder Schuschanowic.

Ende der achtziger Jahre entdeckte das Kind das moderne Leben. Es bekam einen Computer geschenkt und kaufte sich ein Videospiel namens Kick Off – den ehrwürdigen Vorgänger von FIFA und anderen Fußballspielen, ein wahrer Segen. Der heutige Schriftsteller verdankt seine Kurzsichtigkeit den roten und blauen Pixeln, die er auf einem phosphoreszierenden Spielfeld mit seinem Joystick fortbewegte. Woche für Woche bestritten andere Deppen mit ihm diverse Zimmerturniere. Er klügelte komplizierte Tabellen aus, organisierte eine Auslosung im Beisein eines Gerichtsvollziehers (seine Schwester Crapula ging diesem ehrenwerten Beruf nach), und Carsenti traf auf Merlino, El Chino Teicher auf Sebbanowski, und Carlito Mimoun spielte gegen Bopp, den größten Herausforderer des Zwergs, Bopp, der ruppige Innenverteidiger des AS Menora, der sein Irlandtrikot gar nicht mehr auszog, seitdem er am 14. Juli 1989 in Dublin ein Mädchen geküsst hatte – eine Revolution. Dennoch gewann der Zwerg haushoch, und Bopp, das durchtriebene Genie, rächte sich in Mathe. Die Natur und die Vorsehung hatten es gut mit den beiden gemeint und sie mit unterschiedlichen Begabungen ausgestattet. Die Deppen rasierten sich und fuhren Mofa. Sie hörten Renaud, glaubten an Mitterrand und tanzten mit den Mädchen aus dem Viertel schmachtende Tangos auf dem Speicher bei Gigi Wolff, während der Knirps bei Kick Off glänzte und Raymond Barre unterstützte. Alleingänge und brasilianisches Dribbling, Ballkontrolle, Kurzpässe, Dreieckspiel, Bewegungen, Raute, das Straßburger Tiki-Taka: Er verrenkte kunstvoll sein Handgelenk, und die Geschwindigkeit seines Zeigefingers, die Geschicklichkeit und Kraft seines Daumens, wenn er den Knopf des Joysticks drückte, machten ihn unbesiegbar, ein echter Champion: Im Frühjahr 1990 wurde er zur Coupe de France von Kick Off in Paris eingeladen, 53 Tage vor dem Anpfiff der italienischen WM. Seine Eltern verboten ihm die Teilnahme. Also organisierte er seine eigenen Matchs. Am Tag vor den Ferien rief er seine Freunde an und versammelte sie, egal, wie das Wetter war, zum Kicken im Stadion am Flussufer.

Der Fußballfan ist ein abergläubisches, launisches und irrationales Wesen. Er vergeudet seine Zeit damit, langweilige Sendungen und Begegnungen zu verfolgen, Männer und manchmal Frauen hinter dem Ball herrennen zu sehen und hirnrissige Informationen zusammenzutragen. Er gibt horrende Summen für Tickets und Abos aus (Programmpakete, Zeitschriften, Tageszeitungen), für Sticker, Trikots, Reisen und Wetten, (manchmal) für Bücher und (vor allem) für Videospiele. Er füttert sein Gedächtnis mit ausgefallenen Statistiken, Transfersummen und Vertragslaufzeiten, mit Daten, Geburtsorten, Größe und Gewicht der Spieler, mit der Erfolgsbilanz der einen und den Auswahlverfahren der anderen. Er wird sich nie mehr davon befreien können. Die Hypermnesie des Fußballfans hat etwas Manisches, weil sie sich (oft) nur auf das runde Leder bezieht. Alle zwei Jahre ist er von Mitte Juni bis Mitte Juli gänzlich unansprechbar: *cerrado por mundial,* signalisiert der uruguayische Schriftsteller Eduardo Galeano – abwesend wegen Fußballweltmeisterschaft, Europameisterschaft oder Copa America in den schlimmsten Fällen (so in meinem). Er lebt woanders, in rund fünfzehn europäischen und südamerikanischen Städten, ist stets auf der Lauer, will nichts verpassen von den Ergebnissen, Transfers und Pleiten der Gegner. An den Spieltagen unterzieht er sich unsinnigen Ritualen, trägt als Talisman einen Jaguarslip oder fleht seine Frau an, ihren blasslila Spitzen-BH vom Tag ihres Kennenlernens anzuziehen, steckt sich ein 50-Cent-Stück in den rechten Schuh und ist trotzdem vor jedem Spiel völlig von der Rolle. Das Gefühl der Leere, das sich nach Ende der Spielzeit und einem wichtigen Wettbewerb einstellt, stürzt ihn in einen Zustand tiefer Schwermut.

Der Fußballfan ist ein nostalgisches Wesen, davon zeugen die ersten (und folgenden) Seiten dieses Buchs. Der Fußball erinnert ihn an seine Kindheit, an die Schulhofspiele mit einem Tennisball – wie die Kinder in den Favelas, redet er sich heute ein –, an die Matchs auf dem Handballfeld aus Beton in den Unterrichtspausen am Gymnasium. Er appelliert an die Unschuld seiner ersten Jahre, als er noch abgöttisch seine Idole verehrte (Michel Platini, Zico, Dominique Rocheteau, die Torhüter Dominique Dropsy und Dino Zoff, immer wieder Maradona bei der WM 1982 in Spanien) und die Reinheit der Götter des Stadions noch nicht in den Schmutz zog oder anzweifelte. Der Aficionado erinnert sich an den Schock seiner ersten Weltmeisterschaft, die für immer die schönste seines Lebens bleiben sollte. Einen Monat lang wandte er den Blick nicht vom Familienfernseher, hypnotisiert von den geschmückten Stadien und Rasenflächen, von dem Ball mit seiner magnetischen Anziehungskraft und den ständig um ihn kreisenden Diskussionen der Medien, von jenem Ball, um den die Nationen stritten, als wäre er der kostbarste Diamant der Welt. Ein Schwindelgefühl, ein köstliches Schaudern: Er war unheilbar von seiner neuen Entdeckung befallen, das Virus war ihm für alle Ewigkeit eingeimpft. Er dachte an die Hymnen, an die weltweite Nervosität, an die unerträglich spannenden, nach dem K.-o.-System ausgetragenen Spiele, wenn seine Großmutter vor dem Elfmeterschießen aus dem Wohnzimmer floh, und an die fassungslosen Gesichter beim Schlusspfiff, wenn seine Favoriten ausscheiden mussten. Er war Patriot, aber wenn er sich aus purer Liebe zum schönen Spiel mit anderen identifizierte, war er ein Fußball-Kosmopolit – und auch das hatte seinen Reiz. Dann kam der Junge in den Stimmbruch. Im Fußballuniversum klingen ihm plötzlich Orte in den Ohren, von denen er noch nie gehört hat, und er träumt von neuen, fernen und abenteuerlichen Horizonten, von märchenhaften Himmeln. Zum ersten Mal spürt er die Vielfalt der Welt und ihre Herausforderungen. Er ahnt, dass er einer Gemeinschaft angehört, die über seinen Clan, sein Dorf und sein Land hinausgeht. Er ist ein Fußballfan geworden, und wo immer er hinkommt, begegnet er einem Seelenverwandten: einem Taxifahrer in Buenos Aires, einem Arzt in Neapel, einem Banker in London, der dieselbe Sprache spricht – das universelle *Esperanto* des Fußballs.

Von Fußball bekommt man Fernweh. Nach dieser ersten Weltmeisterschaft in Spanien träumte ich mich nach Lateinamerika (in Zicos Brasilien, in Maradonas Argentinien oder in Cubillas Peru, später auch in Francescholis Uruguay), und ich entdeckte Europa. Täglich spitzte ich im Morgengrauen die Ohren nach den knirschenden Reifen, ein Geräusch, das gedämpfter klang, wenn die Gehwege verschneit waren: Der Karren des Zeitungshändlers bildete den Auftakt zu meinem Morgengebet. Den »Atlas« in der Hand, sezierte ich unter der Bettdecke die Tabellen mit den Vorrundenspielen der Europapokale. Malmö FF, IFK Göteborg, Brondby IF – ich hatte ein unerklärliches Faible für skandinavische Mannschaften und osteuropäische Clubs, deren Namen – all die hinter dem mysteriösen Eisernen Vorhang verstreuten Dynamo-, Lokomotiv- und Torpedovereine – an Spielzeugmarken erinnerten. Die knochentrockenen, nahezu unleserlichen Tabellen der Sechzehntelfinale faszinierten mich. Ich bekam Lust, die Stadien und Städte des Kontinents zu erkunden. Jahre später sollte ich, ebenfalls über den Fußball, England entdecken, ein ländliches, proletarisches England, das ausländischen Studenten ansonsten verschlossen blieb. Mit der Mannschaft der University of Sussex, in der ich als Libero spielte, machten wir den Südwesten in einem alten Autobus unsicher. Ich brauchte drei Monate, um das Cockney zu verstehen, dass Ian, Tom und Konsorten auf dem Spielfeld brüllten. Sie tranken und grätschten wie die Bekloppten – daneben waren die Deppen wahre Unschuldsengel. Vor den Spielen schmetterte Steve, ein aus Leicester stammender Mittelfeldspieler mit schwarzen langen Haaren, in der Umkleidekabine Hits von Elastica, The Stone Roses und Primal Scream. Die Studentinnen (Zöpfe, Minirock, hohe Stiefel) bevorzugten die Rugbyspieler, lächelten uns nachts in den Nischen des Basements, einem dubiosen Club in Brighton, aber trotzdem zu. Der Rinderwahnsinn lauerte überall: Bei Sonnenaufgang aßen wir vor Fett triefende Burger am Pier. Die Spielzeit 1994/95 war von Besäufnissen, Schlägereien und einem grotesken Sieg im Sussex-Cup gegen eine Mannschaft aus Taxifahrern geprägt – ein grandioses Erlebnis.

Der Fußballfan denkt an seinen Vater zurück, als dieser noch jung, stark und beeindruckend war. Meiner nahm mich damals ins Stadion mit, so sein Terminkalender als Gynäkologe es ihm erlaubte. Das Spiel hatte oft schon begonnen, wenn wir unsere Tickets am Schalter 13 des Meinau-Stadions abholten. Die erste Begegnung, im August 1982, Straßburg gegen Auxerre, war ein langweiliges und dennoch unvergessliches Spiel. Ich entdeckte das Fußballstadion. Während ich auf die Zuschauertribüne kletterte, drückte ich die väterliche Hand. Ich kam aus dem Staunen gar nicht mehr heraus: die grafischen Formen der Anlage, das satte Grün des von den abgezirkelten, milchigen Seitenlinien gerahmten Rasens, die Kinoscheinwerfer und die blau gesprenkelten Tribünen – ein Theater der Träume, das wie in *Charlie und die Schokoladenfabrik* nach Schokolade duftete: Ganz in der Nähe von Meinau qualmte eine Suchard-Fabrik. Ein Fußballstadion hat etwas Erhabenes. Auf einem riesigen Schachbrett machen sich zwei kleine Bataillone in leuchtenden Uniformen gegenseitig den Raum streitig. Die Stürmer rufen und spielen sich frei, der Block schließt auf, die Verteidiger bilden eine Phalanx, die Mittelfeldspieler wechseln die Stellung, die Außenstürmer wirbeln herum, eine geschlossene Formation, der Ball wandert von einem Fuß zum anderen, hinauf zu Kopf und Brust, die Flügelspieler beschleunigen, während die gegnerische Mannschaft die Reihen schließt, sich einigelt, ihr Tor beschützt, ihr Revier verteidigt, eine bestürmte, aus allen Richtungen, von links und rechts angegriffene Festung, plötzlich ein paar Mittelfeldspieler, die Roten nähern sich, die Gelben weichen zurück, ein Bein grätscht dazwischen, Freistoß. Knapp über dem Rasen sieht man nichts von diesen majestätischen Bewegungen, nur ein Gewirr aus Beinen und elastischen Körpern, einen Reigen aus Farben – Zinnoberrot, Grün oder Safrangelb –, wilde, von Nicolas de Staël gemalte Arabesken (*Le Parc des princes*, *Les Footballeurs*) – »zwischen Himmel und Erde schwirrt gänzlich selbstvergessen eine Tonne von Muskeln, welches Glück, welches Glück«, schreibt er an den Dichter René Char.

Ein grandioses, ein totales Schauspiel. Das Stadion mobilisiert sämtliche Sinne. Es appelliert an Augen und Ohren, es riecht nach feuchtem Gras, nach Rauchfackeln und den unten vor der Tribüne gegrillten Würstchen; die taktile Nähe, wenn einem nach einem Treffer auf einmal Unbekannte in den Armen liegen, und dann der Geruch, der Geruch des Stadions nach

Erfrischungsgetränken, nach kaltem Bier, nach *choripan* in Argentinien und in Deutschland nach Bratwurst; die körperliche, hypnotische Macht des erhitzten Publikums, die gelbe Wand in Dortmund, The Kop in Liverpool oder die argentinischen Stadien. Die Zuschauerränge dröhnen, die gesamte Anlage vibriert, und ein Gesang erhebt sich, eine primitive, von den euphorischen Trommeln – den *bombos* des Rio de la Plata, den brasilianischen *atabaque* – eingehämmerte Ode auf die Götter des Fußballs. Der Zuschauer schaudert, bekommt eine Gänsehaut, er glaubt zu träumen, wenn die Welle anschwillt und sich von Tribüne zu Tribüne wälzt, eine bunte Woge, die kinetische La Ola des Azteca, die den Werken des israelischen Künstlers Yaacov Agam ähnelt und über Mexiko und die ganze Welt gerollt ist.

Stern und Vorsehung: Das Stadion ist eine mystische Erfahrung. Die Sportreporter vergleichen es mit einem Tempel oder einer Kathedrale. Vor dem Anpfiff bekreuzigen sich die südländischen Spieler, die Algerier werfen sich zu Boden, und selbst Agnostiker und Renegaten küssen den Ball und flehen zum Himmel: Heute gewinnt die Mannschaft, er wird höchstpersönlich einen Treffer erzielen, vielleicht sogar zwei, und die Prämie ohne eine Verletzung einkassieren. Die Zuschauer auf der Tribüne sind in Trance. Mit gefalteten Händen, den Kopf im Nacken, beten und flehen sie in ausweglosen Situationen zum Ewigen, obwohl sie seine Gebote missachten: »Herr, erbarme dich und schenke uns einen Elfmeter, gewähre uns deinen Beistand, wir müssen gewinnen!« Und wie in der griechischen Tragödie, so der englische Philosoph Simon Critchley, hoffe der Chor durch sein Flehen, das Schicksal und die Unwägbarkeiten des Zufalls zu besänftigen, den kapriziösen Ball, den niemand je vollständig zu kontrollieren vermag, selbst nicht die größten Virtuosen wie Zidane, Cruyff, Maradona oder Pelé. Lange waren die Götter des Fußballs deutsch (und ein bisschen italienisch). Inzwischen sind sie französisch, dachte ich im Moskauer Olympiastadion Luschniki in der Halbzeit des letzten WM-Finales: Die Bleus lagen mit 2:1 in Führung, ohne ein einziges Mal auf das kroatische Tor geschossen zu haben.

Doch warum eigentlich? Warum teilen wir mit Milliarden anderer Menschen diese absurde, verzehrende Leidenschaft, warum können wir uns beim besten Willen keine Welt ohne Fußball vorstellen?

Das Spiel ist einfach und universell. Man braucht nur einen Ball, ein Sockenknäuel, irgendeine Kugel, der Rest ist anpassungsfähig, die Anzahl der Spieler, die Dauer, das Spielfeld (Straße, Hinterhof oder Garten), ebenso der Untergrund: Beton, Asphalt oder gestampfte Erde. Zwei Äste, ein paar Konservendosen markieren die Tore. Fußball ist jedem zugänglich, eigens ausgestattete Sportplätze oder Turnhallen sind überflüssig, und zum Spielen muss man weder groß und stark sein noch eine besondere Ausrüstung besitzen oder in einem Verein angemeldet sein.

Fußball ist egalitär und meritokratisch. Auf dem Rasen gibt es keine Sonderbehandlung, und Anwalts- oder Präsidentensöhne haben ausnahmsweise mal nicht zehn Meter Vorsprung vor den Arbeiterkindern. Sobald das Spiel läuft, befindet es sich in einem konstanten, unmöglich zu unterbrechenden Fluss von Tor zu Tor, es gibt keine Auszeit. Der gegnerische Coach kann nicht mehr eingreifen, höchstens ein paar Sekunden herausschinden, den Rhythmus unterbrechen oder seine Mittelfeldspieler neu positionieren, aber er hat keine Möglichkeit, die gegnerische Mannschaft auszubremsen und zu verunsichern wie bei anderen Sportarten.

Doch der Clou des Fußballs, sein unwiderstehlicher Charme ist seine Genügsamkeit. Im Gegensatz zum verschwenderischen Hand- oder Basketball werden nur wenige Tore geschossen, sind Rückstände weniger leicht aufzuholen als beim Rugby. Diese Askese führt zu erheblichen Verkrampfungen, sorgt für Stress und Todesqualen bei den Fans: Je mehr Zeit vergeht, desto unerträglicher die Spannung. Sie wissen, dass immer noch alles passieren kann, der Fußball ist sehr viel unberechenbarer als andere Sportarten. Die kleinste Schwäche, ein plötzliches Aufflackern der Konzentration, und das Spiel kommt wieder in Gang, ein Finale kann kippen, und das fragile, Tag für Tag, Woche für Woche durch beharrliches Training errichtete Konstrukt, das Ergebnis von fünf, zehn, fünfzehn Jahren harter Arbeit ist zunichte. Fußball ist ein herrlich grausamer Sport.

Individuelle Glanzleistungen, kollektive Anstrengungen – Fußball ist etwas für Leute, die politisch links wie rechts stehen. Er sprengt die regionalen, gesellschaftlichen und religiösen Grenzen eines Landes.

In unseren fragmentierten Gesellschaften, in denen die Einheit an einem seidenen Faden hängt, Klassenhass und ethnische Zwistigkeiten wüten, sorgt diese Lust am Sich-Messen, sorgt die Nationalmannschaft für den letzten fundamentalen Zusammenhalt – in Belgien, in Spanien und, vor seinem Zusammenbruch, auch in Jugoslawien. In Frankreich, wo sich, von den reißerischen Medien (allein vier Nachrichtensender im Live-Stream!) befördert, der Krieg aller gegen alle abzeichnet, blitzt manchmal ein Moment der Gnade, der nationalen Eintracht auf, eine leichte, liebenswürdige Blase, wenn die Bleus unbeschadet durch die Vorrunde kommen und ins Halbfinale einziehen. Plötzlich grüßt man einander und tauscht sich aus, Türen öffnen sich wieder, eine gewisse Euphorie ist zu spüren, das entzweite Land wächst für eine Weile zusammen. Ich denke an die drei letzten Tage vor dem EM-Finale 2016 nach dem Sieg gegen Deutschland. Frankreich war wie verwandelt, förmlich wiederbezaubert. Vier Tage später in Nizza überrollte ein dschihadistischer Laster sechsundachtzig Menschen. Und erneut flammte der Hass auf.

Alle Renitenten, Snobs und Stoiker tun mir leid. Sie werden nie nachempfinden können, wie es ist, sich diesem blödsinnigen Spiel zu unterwerfen, bei dem Männer oder Frauen einem Ball hinterherrennen und orgastische Schreie ausstoßen, wenn sie ihn ins Netz katapultiert haben. Ein simples Spiel, dessen Verlauf nie vorauszusagen ist, anders als bei einem Buch, einem Film oder bei künstlerischen Livedarbietungen. Beim Fußball werden weder Tonleitern heruntergespielt noch Noten abgelesen. Während des Spiels verliert der hochkonzentrierte Fan vor dem Fernseher jeden Kontakt mit der Realität. Er lässt seine kleinen Sorgen, seinen manchmal tristen Alltag außen vor; er vergisst die Klimaerwärmung, die Tugendhysterie, den Hass und die Dummheit, die allenthalben aus dem Boden schießenden Fundamentalisten und Zensoren. Für zwei Stunden flüchtet er sich in eine Parallelwelt, in der China und Indien nicht vorkommen, in der Russland und die Vereinigten Staaten (bei den Männern) die Schwachen sind, Europa und Südamerika hingegen wahre Supermächte. Er lässt los und denkt während dieser magischen Auszeit von sich selbst weg. Der Fußballfan gönnt sich eine Unterbrechung, eine Zerstreuung: eine unschätzbare metaphysische Pause.

Im Oktober 2019 lud mich der Galerist Kamel Mennour in seine Loge im Prinzenpark ein. Auf dem Programm der französische Klassiker Paris Saint-Germain gegen Marseille. Mennour ist mittlerweile ein bekannter Galerist, und trotzdem liebt er Fußball über alles. Als Kind hatte er in den Straßen von Belleville gespielt, seine Idole hießen Georges Bereta, der kleine Mittelfeldspieler des großen AS Saint-Étienne, und Johan Cruyff, »der Fußball-Beatle, ein anarchistischer Künstler mit langen Haaren, sexy wie ein Rockstar, eine Lichtgestalt«. Später verehrte er Maradona, »das Genie des Stadions«, und Zidane, »den Demiurgen«. Zu seinen Kunden zählen der Designer und frühere Präsident des PSG und des R.C. Strasbourg, der ihn mit dem Prinzenpark vertraut gemacht hat, sowie Eric

Cantona. Jeden Tag liest er *L'Equipe* und lädt regelmäßig Künstler, Sammler und Museumsdirektoren in seine Loge ein. »Im Stadion haben die Leute weder Rang noch Uniform. Sie geben ihre Statussymbole in der Garderobe ab«, sagt er. Er rühmt die Eleganz, die Ausstrahlung und die Anmut jener ballspielenden Virtuosen der »modernen Mythen«. Die Schönheit ihrer Gesten fasziniert ihn. Hinter uns sitzt ein anderer Süchtiger, der Bildhauer Philippe Parreno, und stößt ins gleiche Horn. Er ist Miturheber eines Porträts über Zidane, ein Neunzig-Minuten-Film zu Ehren des schweißglänzenden Spielmachers.

Die Loge gleich nebenan gehört Neymar. Der brasilianische Star ist verletzt, wie so oft, und schießt, in eine bunt karierte Kunstfelljacke eingemummelt, Selfies. Mennour liest meine Gedanken und rät mir, mich besser fernzuhalten: Beim x-ten Ausscheiden des PSG im Achtelfinale der Champions League gegen Manchester United, dieses Mal im März 2019, hatten sein Künstler Douglas Gordon (der zweite Urheber von *Zidane. Un portrait du XXIème siècle*) und sein Sammler Eric Cantona den Neymar-Clan herausgefordert, und zwischen dem Vater des Spielers und dem Schotten Gordon war es zu einer Prügelei gekommen.

Während der PSG Marseille vernichtend schlägt, frage ich Mennour, ob sich die globalen Märkte von Kunst und Fußball, zwei in konstanter Inflation befindliche globale Wirtschaftszweige, seiner Meinung nach ähnelten. Ist nicht auch der Galerist ein Trainer? Mennour denkt nach und lächelt, der Vergleich gefällt ihm. Er sieht sich selbst eher als Manager, in diesem

Falle gliche der AS Mennour dem FC Barcelona. »Eine Galerie zu leiten bedeutet, eine Mannschaft aufzustellen. Man braucht eine Mischung aus jungen Talenten und anerkannten Künstlern, muss sie als guter Taktiker zum Dialog animieren, ihr für die Kreativität wichtiges Ego und ihren Stolz in der Arbeit sublimieren, genau wie in einem Fußballverein«, sagt er. Insofern könne man die internationalen Kunstmessen (Basel, Miami, die FIAC in Paris …) mit den wichtigsten Wettkämpfen vergleichen, mit der Welt- und Europameisterschaft, mit der Champions League; und namhafte Galerien mit berühmten Vereinen. Der Transfermarkt für Künstler – von Scouts bedient, die vielversprechende junge Talente in kleineren Galerien auftun – orientiere sich letztlich an den gleichen Kriterien wie Fußballagenten.

»Der Fußball spiegelt unsere Gesellschaft wider«, so Mennours Fazit. Darin sind wir uns einig, genau wie der uruguayische Schriftsteller Eduardo Galeano, der sogar von einem »Spiegel der Welt« spricht. Über Fußball zu schreiben, bedeutet, die Geschichte eines Landes und einer Stadt zu erzählen, das kollektive Gedächtnis, eine gemeinsame Vorstellungswelt, die populäre Kultur einer Nation zu ergründen. Wer heutzutage den Windungen des Turbokapitalismus folgen will, den ethnischen, demografischen (und frisurtechnischen) Entwicklungen, den Veränderungen in Sitten und Werten einer Gesellschaft, ihren Ängsten, Hoffnungen und Verwandlungen, wer die Kräfteverhältnisse und den Lauf des globalisierten Planeten nachvollziehen will, sollte den Fußball des 21. Jahrhunderts genau unter die

Lupe nehmen: ein totales, populäres Schauspiel, das von Hunderten Millionen Menschen praktiziert und von der Hälfte der Menschheit kontinuierlich mitverfolgt wird, das über die Frequenzen Hunderter von Fernseh- und Tausender von Radiosendern über die Grenzen hinweg ausgestrahlt wird und jährlich Milliarden Euro generiert. Der Fußball ist die *soap opera* unserer Zeit, schreibt der britische Historiker David Goldblatt: der Bindestrich des fragmentierten Planeten.

# LOB DES DRIBBELNS

*Brasilien
2013–2014*

## Eine Beerdigung

Der Sarg hoch oben auf dem Feuerwehrwagen ist in grün-gelben und schwarz-weißen Stoff gehüllt. Die Farben der brasilianischen Flagge und des Botafogo FR, in dem der Verstorbene einst geglänzt hatte. Unter dem Geleit der mit ihren gusseisernen Helmen schwitzenden Soldaten bahnt sich der rollende Sarg einen Weg durch die Menge, die sich um das Maracanã schart, das größte Stadion der Welt, den Garten des am Vortag verstorbenen Mannes.

Er hat sich zu Tode gesoffen. Schon lange betrinkt er sich mit *cachaça*, einem Zuckerrohrmost, und liest Zigarettenstummel auf. Eines Morgens hat man ihn weinend und betrunken vor einer Kirche in Rio gefunden. Beim Karneval zwei Jahre zuvor hat er, auf einen Wagen gelümmelt, mit verstörtem, aufgedunsenem Gesicht – Schlitzen statt Augen – und stumpfsinnigem Blick die Menge gegrüßt. Das Idol ist depressiv, zu viele Frauen, dreizehn Kinder, erst der Ruhm, dann der Niedergang, verlassen, in Geldnot, pleite. Am Steuer hätte er fast den eigenen Vater getötet, erwischt hat er seine Schwiegermutter, die Mutter von Elza, seiner großen Liebe, einer Samba-Sängerin. Er ist vom Pech verfolgt, zu nichts mehr zu gebrauchen, also trinkt er.

Er fällt in ein Alkoholkoma und stirbt am frühen

Morgen des 20. Januar 1983, Leberzirrhose. Gegen Mittag wird sein Körper in die Umkleidekabinen des Maracanã gebracht. Die Polizisten murren, das Militär wird ungeduldig, die Hitze, der Südsommer, all diese Leute neben der Leiche, ein gar nicht mehr abreißender Strom aus Verwandten, Vorgesetzten, ehemaligen Mannschaftskameraden und Bewunderern, die schluchzen, sich bekreuzigen und drängeln, *basta*, es wird Zeit, die Ikone in die Heimat zu überführen, den Verstorbenen zu beerdigen, zu Hause in Pau Grande.

Der tote Körper kennt diesen Feuerwehrwagen, mit seinen damaligen Mitspielern war er im Juli 1958 für die triumphierende Fahrt durch Rio de Janeiro auf die Ladefläche geklettert, *Brasil, campeão!* Brasilien, Champion!, sie kamen gerade aus Stockholm, wo sie die Schweden im Finale der Weltmeisterschaft besiegt hatten, auf dem Rückflug war ihr Flugzeug von Jagdfliegern eskortiert worden, brandneuen Düsenjets, für ihn, für sie alle, die Helden ihres Vaterlandes Brasilien, dem sie seinen ersten Weltmeistertitel schenkten.

Der Lastwagen rollt langsam Richtung Nordost, der Trauerzug wird größer und größer, je näher er der kleinen Stadt inmitten der Vegetation, der Flüsse und gezackten Berge kommt, wo er als Kind nach Herzenslust Vögel gejagt, geangelt und mit nacktem Oberkörper und bloßen Füßen auf der gestampften Erde gekickt hatte. Seine Fans, die Menschen aus *Carioca* und *Fluminense*, drängen sich an den Straßenrändern, auf den Brücken, vor heruntergekommenen Häusern, applaudieren, schwenken grün-gelbe und schwarz-weiße Fahnen und singen Hymnen, ihm zu Ehren und für seinen

Seelenfrieden. Die Arbeiter haben ihr Fließband im Stich gelassen, um ihm das letzte Geleit zu geben. Aus ganz Brasilien zieht man nach Pau Grande, dessen Kirche völlig überrannt wird und sogar einzustürzen droht, als die Prozession endlich ihr Ziel erreicht.

Auch auf dem Dorffriedhof herrscht Gedränge: Kinder sind auf die Gräber und Bäume geklettert, der luxuriöse Sarg ist zu breit und zu lang, es gibt nicht genug Erde, um ihn zu bedecken. Chaos, auch auf den umliegenden Dächern wird geweint, man boxt sich vor, um dabei zu sein, bei der Beerdigung von Mané Garrincha, dem verrückten Dribbler, dem genialsten und unglaublichsten der Geschichte, den Vinícius de Moraes, der Dichter der Bossa Nova, den »krummbeinigen Engel« nannte. Garrincha ist tot! Er ist 49 Jahre alt geworden.

## Die Freude des Volks

»Garrincha cha-cha-cha« – so lautete eines der Lieder ihm zu Ehren, das im Radio rauf und runter lief und Ende der fünfziger Jahre und Anfang der Sechziger auf dem Höhepunkt seiner Karriere bei Botafogo oder bei Spielen der Nationalelf in den Stadien angestimmt wurde.

Garrincha gegen die Sowjets 1958, seine erste Aufstellung bei einer Weltmeisterschaft, das dritte Spiel der *Seleçao* in diesem eher schwach begonnenen Turnier – ein Sieg gegen Österreich, ein Unentschieden gegen England – mit einem Jungen namens Pelé, dem ebenfalls eine große Zukunft zu winken schien. Garrincha-Pelé, ein verblüffendes, unsichtbares Tandem: Brasilien konnte einfach nicht verlieren, wenn es sein Starduo aufs Feld schickte.

An jenem 15. Juni 1958 wird Kuznetsov, seinem sowjetischen Gegenspieler, fast schwindlig. Garrincha jagt ihn über den rechten Flügel, und in der zweiten Halbzeit können sich auch die drei Roboter, die ihm nacheinander oder gleichzeitig auf den Fersen sind, gar nicht genug über den kleinen Flügelstürmer wundern: Brasilien siegt mühelos mit 2:0.

Garrincha gegen die Wikinger. Im WM-Finale gegen Schweden öffnet er wichtige Schneisen, liefert

Vava zwei entscheidende Pässe. Brasilien wird mit 5:2 Weltmeister.

Garrincha, König von Rio. Ihm ist es zu verdanken, dass Botafogo, sein Verein, die Campeonato Carioca und die Meisterschaft Rio-São Paulo dominiert.

Garrincha auf dem Dach der Welt. Er wird zum besten Spieler der in Chile stattfindenden Fußballweltmeisterschaft gekrönt, die er – Pelé ist verletzt – Brasilien quasi im Alleingang sichert, ähnlich wie es Maradona 1986 in Mexiko für Argentinien gelingen sollte. Die Nummer 7 dribbelt unermüdlich und schießt legendäre Entscheidungstreffer: ein Senker im Viertelfinale gegen England, ein Volleyschuss gegen Chile im Halbfinale. Tags darauf fragen sich die Chilenen im *Mercurio*: »Von welchem Planeten kommt Garrincha?«

Er kommt aus dem tiefsten Brasilien. Mit seiner Sträflingsvisage, seinen Ringerschultern und seinen prallen Oberschenkeln ähnelt er, der *mestiço* aus schwarzem und indianischem Blut, seinen Bewunderern. Einfach, kreativ und fröhlich, auch er eines Tages von seinen Arbeitgebern ausgebeutet. Er ist einer von ihnen, ein Elender, der sich als Jugendlicher in der Textilfabrik von Pau Grande abrackern musste; er hat Hunger und Polio erlebt; das Schicksal hat ihm eine s-förmige Wirbelsäule aufgebürdet und zwei krumme Beine, zwei Kommas, die genauso schief sind wie die Mosaike auf den Gehwegen an der Strandpromenade von Ipanema: das linke ist nach außen, das rechte nach innen gekehrt – der ganze Körper neigt sich auf die rechte Seite. Er, der Anti-Athlet, fährt waghalsig Käfer, sammelt

Wimpel für seine Küche – und er sammelt Frauen, kopuliert und vögelt, wenn er nicht gerade Fußball spielt oder trinkt: Garrincha denkt nur an das eine, »Sexmaschine« nennt ihn sein Biograph Ruy Castro. »Pau Grande«, der Name seines Dorfes«, bedeutet im brasilianischen Slang »dicker Schwanz«, und tatsächlich soll Garrincha einen *pau* von stattlicher Länge gehabt haben, 25 Zentimeter, darin stimmen die zahlreichen Quellen überein. Vor den Hindernissen des Lebens – Frauen, Alkohol und Geld, das er bedenkenlos aus dem Fenster wirft – ist Garrincha, der dionysische Fußballer, ins Straucheln geraten. Gegen das Böse hat der Dribbler sämtliche Zweikämpfe verloren, ja, gar nicht erst versucht, ihm Widerstand zu leisten. Der Zaunkönig (*garrincha*) – diesen Spitznamen gaben ihm seine Geschwister, weil er dem hässlichen kleinen Vogel ähnelte – ist ein Mann ohne Eigenschaften, ein Antiheld des modernen Fußballs, dessen Anforderungen er sich verweigert. Im Gegensatz zu seinem zivilisierten, asketischen Zeitgenossen Pelé, der von Anfang an eine hochprofessionelle Karriere hingelegt hat: Pelé, der König, versus Garrincha, den primitiven Gott.

Es gibt tausend Geschichten über die Nachlässigkeit und den Schwachsinn des kleinen Vogels aus Pau Grande. Garrincha soll ein Jahr gebraucht haben, um den Einladungen der wichtigsten Vereine von Rio Folge zu leisten. Vasco de Gama hat ihn angeblich deshalb nicht verpflichtet, weil er ohne Schuhe zu seinem Probespiel gekommen ist. Seinen Test bei Fluminense, einem anderen Vorzeigeclub Rios, soll er abgebrochen haben, um noch den letzten Zug zurück in sein Kaff zu erwischen. Während seiner gesamten Karriere eilte ihm der Ruf voraus, lieber Donald-Duck-Hefte zu lesen als taktischen Besprechungen zu folgen, und angeblich erkundigte er sich nach der Weltmeisterschaft in Schweden bei seinen Teamgenossen nach den Daten für die Rückspiele. Es heißt auch, er habe Bockspringen geliebt und sei um den Stuhl gedribbelt, den sein Trainer bei Botafogo auf den Platz gestellt hatte, um die Zone einzugrenzen, in der er den Ball beim Training abspielen sollte.

Bis er seine Frau und ihre (zahllosen) kleinen Töchter für die Sambasängerin Elza Soares verlässt, wird der geniale, damals dreißigjährige Idiot vergöttert. Auf dem Platz, seiner Arena, lässt Garrincha Hüften und Muskeln spielen, er flippt aus, wird explosiv. Man muss nur in die seligen Gesichter der auf den Rängen des Maracanã zusammengedrängten Zuschauer schauen, wenn er sich den Ball schnappt: das zahnlose Lächeln jener Sklavensöhne und -enkel, ihre glänzenden Augen, von Joaquim Pedro de Andrade in Nahaufnahme gefilmt, um das Phänomen Garrincha einzufangen. »Die Freude des Volkes«, so der Titel des Dokumentarfilms, den der Regisseur dem Wunderkind widmete.

Seine Dribblings sind sensationell. Oder vielmehr sein Dribbling, denn Garrincha durchbricht die gegnerische Verteidigung immer auf die gleiche Weise. Er läuft auf der rechten Seite los. Obwohl das alle wissen, ist es zu seiner Blütezeit keinem Rückraumspieler je gelungen, den kleinen Zaunkönig zu zähmen, seinen phänomenalen Anlauf und seine übermächtigen schiefen Beine, wahre Turboreaktoren, zu bremsen oder seinen Start zu verhindern. Spielen wir die Szene nach: Der Ball kommt Garrincha auf seinem Flügel vor die Füße. Er ist mit einem oder zwei »João« konfrontiert, so bezeichnet er die gegnerischen Verteidiger, große Kraftpakete oder kleine Drahtige, die in Augen Seiner Majestät alle über kurz oder lang zu Marionetten oder gesichtslosen Slalomstangen werden. Garrincha stoppt kurz, der »João« lauert, und die Menge hält den Atem an: Was hat der Zauberer vor? Ein, zwei, drei Beinwechsel? Wie viele Finten und Frühstarts, bevor er, nach vorn gebeugt, als würde er etwas suchen, auf die Torlinie zurast? Die Kunst des Ausweichmanövers, unabwendbar, genial, ja sinnlos, wenn Garrincha nach Lust und Laune innehält, in die Mitte oder wieder nach hinten läuft, um seine diabolische Vorführung zu vollenden, so wie ein Kätzchen mit einem Wollknäuel spielt. Die Verteidiger purzeln auf den Rücken oder prallen ineinander. Lächerlich gemacht, gedemütigt.

Olé! Man ist zu Garrincha gegangen wie in den Zirkus. Man hat ihn mit einem Clown verglichen, mit Houdini, mit Charlie Chaplin und Buster Keaton, mich erinnert er an die Figur aus einem Tex Avery, an Tweety, der vor Sylvester wegläuft. Wie der Kanarienvogel denkt er sich immer neue Tricks aus und kommt letztlich ungeschoren davon. Wenn man die Schwarz-Weiß-Bilder vorspult, sieht er aus wie eine Fliege, bleibt in seinem Hin und Her, den Zickzacklinien und atemberaubenden Arabesken schlicht ungreifbar.

Wenn man in Brasilien über Fußball fachsimpelt, guckt man immer weit über den Tellerrand hinaus, übertreibt und verallgemeinert, denkt an die ganze

Welt und die Menschheit in ihrer Maßlosigkeit. Garrincha hat die aufgeklärtesten Geister seiner Zeit inspiriert. Der bedeutende Dramaturg Nélson Rodrígues schrieb: »Wenn wir 75 Millionen Garrinchas hätten, was für ein Land wären wir dann, stärker als Russland, mächtiger als die Vereinigten Staaten.« Der Dichter Paulo Mendes Campos schwärmte: »Wie ein Komponist, dem eine vom Himmel gefallene Melodie zu Herzen geht, wie ein Tänzer im Bann eines Rhythmus, spielt Garrincha einen inspirierten, magischen Fußball, ohne Mühe, rückhaltlos …« Garrincha ist ein »Sieg der Intuition über die Vernunft«, erklärt heute der Regisseur Walter Salles, der Garrinchas Heldentaten als kleiner Junge im Radio mitverfolgte.

Garrincha, Freude des brasilianischen Volks und bald des ganzen Planeten. Er glänzte in einer Nationalmannschaft, die gerade ihre Blütezeit erlebte und schon damals von Pelé dominiert wurde, dem Bindeglied zwischen zwei Ausnahmegenerationen: Die erste triumphierte 1958 und 1962, die zweite schickte sich zur Eroberung Mexikos an, als der Fernseher Farbe bekam und sich in den Haushalten etablierte. Seitdem ist Brasilien im kollektiven Gedächtnis gleichbedeutend mit Fußball, und Fußball mit Brasilien, sind alle Dribbler Nachfolger Garrinchas, Sternschnuppen dieses Champagner-Fußballs, des *futebol-arte*. Kontrolle, Finte(n), Provokation, ein plötzliches Auftauchen und Zuschlagen, der Nächste bitte, neue Tricks und Vortäuschungen, der Verteidiger ist chancenlos. Gelbe, grün gesäumte Raketen, karamell- oder schokoladefarbene Haut, blaue Shorts, weiße Strümpfe, ein Taschenspielertrick nach dem nächsten, Manege frei für die Künstler: Julinho Botelho, Rivelino, Jairzinho, Zico, Ronaldo, Ronaldinho, Denilson, Robinho, heute Neymar, ein paar der berühmtesten brasilianischen Dribbler, die Liste ist lang, das *who's who* eindrucksvoll. Das Spiel, immer wieder das Spiel. Es hat eine lange Geschichte und Kultur, ist Ausdruck eines magischen Augenblicks, einige wenige Gesten, eine Ästhetik: das brasilianische Dribbling.

## Erinnerungen

Alle Fußballbegeisterten erinnern sich an ihre erste Weltmeisterschaft, jene Wochen, in denen sie den Mond entdeckt haben, ein unauslöschlicher Fixpunkt, eine Zäsur im Leben eines (kleinen) Mannes. Ich war genau 8 Jahre und einen Tag alt, als Bryan Robson mit der englischen Mannschaft am 16. Juni 1982 Michel Platinis Franzosen im Stadion von Bilbao überrannte. Trotz dieser Auftaktniederlage (1:3) war die spanische Mundial mein erster Vollzeitferienjob: Ich sah alle Spiele, las sämtliche Zusammenfassungen, wollte alles wissen, wie oft die Spieler schon aufgestellt worden waren, welchen Clubs sie angehörten, wann sie Geburtstag hatten, und fragte mich, warum die Peruaner ein Trikot trugen wie Miss Universum, weiß mit einem roten Diagonalstreifen – absolut sensationell. Während des Elfmeterschießens hielt meine Großmutter sich die Augen zu, um nicht in Ohnmacht zu fallen, und bat mich, ihr Wohnzimmer zu verlassen. Ich schlief mit einem Stofftier des Maskottchens Naranjito und meinem – unvollständigen – Panini-Album unter dem Kopfkissen, strafte meine Schwestern mit Nichtachtung und träumte davon, ein Eis mit Thierry Roland zu essen. Ich habe mich nie mehr ganz von diesen ersten Fußballemotionen erholt, und es kommt immer noch vor, dass ich diskret ein paar Tränen verdrücke, wenn ich mir die Archivbilder anschaue, auf denen Maradona in den Farben Neapels glänzt – das Volk in Trance, und dann erst die Hymnen, Mamelis Italien-Lied, das hinreißende *Fratelli d'Italia*!

Wie alle, verfolgte ich in diesem Sommer 1982 die Odyssee der französischen Nationalmannschaft mit, die Glanzleistungen des magischen Quadrats Platini-Giresse-Tigana-Genghini, und ich habe es meinen Eltern noch immer nicht verziehen, dass sie mich um das Jahrhundertspiel Frankreich-Deutschland in Sevilla brachten, weil sie mich in ein Feriencamp geschickt hatten, und zwar nicht irgendwohin, nein, geradewegs in die Ardennen, in ein Zeltlager ohne Strom und Fernseher, die reinste Tragödie.

Ein paar Tage zuvor war ich mit blutendem Herzen losgefahren, so traurig wie damals, als man mir die Haare abgeschnitten hatte: Zum ersten Mal war meine Lieblingsmannschaft aus dem Turnier geflogen, die Brasilianer von Tele Santana. Ein grandioses Team, fünfzehn Tore in nur fünf Spielen, fünfzehn Glanzleistungen, wie der Treffer von Eder gegen die Sowjetunion in der Vorrunde, eines der schönsten Tore aller Zeiten in der WM-Geschichte. Der Ball wird Sokrates zugespielt, dem Kapitän – kleine Füße, großer Raucher –, Sokrates lässt ihn zwischen seinen Reiherbeinen hindurchrollen für Eder, der genau in der Mittelachse hinter ihm läuft, und der Stürmer lupft das Leder lässig wie am Strand und platziert seinen Volleyschuss direkt in die Torecke einer weiteren Fußballlegende, des sowjetischen Keepers Rinat Dasaev. Und dann die

Freistöße und das Freispielen von Zico, dem Spielmacher des galaktischen Flamengo, Zico, der »weiße Pelé«, und an seiner Seite der brillante Falcão und Júnior und Cerezo … Diese Typen hatten Format, Gesichter wie Rauschgoldengel und den Look von Playboys, und wenn sie mit Lichtgeschwindigkeit und wehenden Haaren eine Offensive starteten, glichen sie einer Choreografie der Village People, meiner Lieblingsband: Ich war wie gesagt acht Jahre alt.

»Schaut euch die Zauberer an«, titelte *L'Equipe* am Morgen der Begegnung gegen Schottland. Dieses Spiel (4 : 1 für Brasilien) trug mir eine ordentliche Tracht Prügel ein, das einzige Mittel, mit dem mein Vater mein Geschrei und meine »Tooooor«-Rufe in der Wohnung stoppen und meiner kleinen Schwester endlich den Schlaf ermöglichen wollte. Ich, das schweigsame Kind, war ausnahmsweise in Trance, wie die Brasilianer auf den Zuschauertribünen in Sevilla und ihre Millionen von Brüdern auf den Straßen und in den Bars zu Hause. Ich war völlig gebannt von Zico, Sokrates und Co. Noch nie hatte ich eine vergleichbare technische Bravour, eine solche Kreativität erlebt. Das Brasilien von Tele Santana war meine erste Liebe.

Als Sokrates, quasi mit Augen im Rücken, Eder instinktiv den Ball überlässt, ist sein Körper beseelt, so wie der von Pelé in Mexiko, im Halbfinale des Turniers 1970, als er Mazurkiewicz, den uruguayischen Torhüter, der mit einem Dribbling gerechnet hatte, einfach umrundet hatte. Der Jahrgang 1982 steht dem von 1970 in nichts nach, statt der listigen Italiener hätte eigentlich Brasilien die spanische Trophäe verdient gehabt. Sein Ballbesitz, sein phantasievolles, wellenförmiges, immer in Bewegung bleibendes Spiel war flüssig und elegant, ein samtweicher Fußball voller Kombinationsspiele – *L'Equipe* hatte recht: Diese Brasilianer hatten Zauberkräfte, ohne unbesiegbar zu sein. Mit ihrem ständigen Offensivspiel, das ihnen wichtiger war als ein Unentschieden für die Qualifikation, scheiterten sie in der zweiten Runde mit 2:3 an Italien.

Seither vergöttere ich die brasilianischen Dribbler, diese geschmeidigen Männer, die den Ball umschmeicheln, als tanzten sie mit der schönsten Frau der Welt. Sie verfolgen ihn mit zärtlichen Blicken, haben nur noch Augen für ihn, und wenn sie ihn verlieren, setzen sie alles daran, ihn wieder in ihren Besitz zu bringen, ihn zu verführen und bei sich zu behalten und ihn nie, aber auch wirklich nie mehr einem anderen Bewerber zu überlassen.

## Margarita ...

... oder Leonor oder Maricota. In Brasilien ist der Ball eine Frau, erzählt der uruguayische Schriftsteller Eduardo Galeano. Man bedenkt ihn mit Kosenamen. Pudgy, Baby oder *gorduchinha* (das kleine Pummelchen). Die Verführerische, ganz aus Leder und Kurven, wird von den Schüchternsten *menina* genannt, Fräulein.

## Reispuder

Südamerika unter der Fuchtel Großbritanniens, Herrscherin über die Ozeane und den internationalen Handel, wie in *Nostromo*, dem Meisterwerk Joseph Conrads. Ende des 19. Jahrhunderts investierte die erste Industrie- und Finanzmacht der Welt horrende Summen in den Bau von Eisenbahnstrecken und Hafenanlagen auf dem Subkontinent. In Südamerika wie anderswo diktierte die City die Regeln der internationalen Arbeitsteilung – die erste Globalisierungswelle. Seit der Unabhängigkeit Brasiliens von der portugiesischen Kolonialmacht im Jahr 1822 glich Großbritannien als Hegemonialmacht die Haushaltsdefizite aus und trug zum Ausbau des Schienennetzes zwischen der Região Nordeste und der Kaffeezone um São Paulo bei. Der Kaffee, das rote Gold der lilafarbenen Erde auf der Hochebene (*paulista*), ist Brasiliens neues Manna, nach dem Zucker der Barockstadt Salvador, dem Gold aus Minas Gerais und dem Kautschuk Amazoniens. Der europäische Kaffeemarkt boomt, London will sich seine Kontrolle sichern.

Brasilien wird reich und modern. Die Hauptstadt Rio de Janeiro verwandelt sich in eine europäische Stadt, die Elendsviertel werden abgerissen, Straßen gepflastert, prachtvolle Avenuen angelegt, Rios Stadtväter wollen das Paris von Baron Haussmann, die Bauten seiner Nacheiferer in Brüssel, Wien und Lissabon. Die Armen erklimmen die *morros*, die ersten Favelas, elektrische Straßenbahnen fahren an den neuen Parks des Belle-Epoque-Rio entlang, dem Projekt einer »idealen Stadt«, und die eleganten Damen bewundern sich in den barocken Standspiegeln der Confeitaria Colombo, einer ebenso beliebten wie mondänen Konditorei in der Innenstadt.

Anfang des 20. Jahrhunderts ist Rio das Aushängeschild eines Brasiliens, das weiß, europäisch und zivilisiert sein will. »Ordnung und Fortschritt« lautet seine Devise, es schreibt den Positivismus auf sein Banner, feiert den 14. Juli und singt die Marseillaise. Die urbanen Eliten sind in politischer Hinsicht franko- und anglophil, in ihrer Freizeit *modern style*. Sie tun sich als Tennis- und Kricketspieler hervor, treffen sich im Reitverein, im Automobilclub von São Paulo und treten bei den Regatten in der Lagune von Rio gegeneinander an: ein Deauville der Tropen, Licht und Sonnenschirme, Ruderer, erste Bäder im Meer. Ihre Söhne treiben einen Sport, der ebenfalls erst vor Kurzem aus England eingeführt worden ist: Fußball.

1894 war der zwanzigjährige Charles Miller mit einem großen Schnurrbart à la Nietzsche und zwei Bällen, die die Geschichte Brasiliens revolutionieren sollten, aus Southampton eingetroffen. Die Engländer schießen zuerst, die britischen Angestellten des paulistischen Gasunternehmens treten gegen ihre Landsleute von der São Paulo Railway Company an. Die jungen Männer aus gutem Hause tun es ihnen nach, die Crème de la Crème, Adlige aus Rio und Gentlemen aus São Paulo unter dem Bildnis der gestrengen Queen Victoria. Der Amateurfußball soll ihren Charakter stärken und ihr Ungestüm bremsen, er ist der Gipfel der Verfeinerung, der *Pim's* des Sports, die Spiele sind glamouröse Events, zu denen, rausgeputzt wie für die Oper, sämtliche Snobs eilen. Die Regattenclubs von Rio, Flamengo, Vasco da Gama und Botafago eröffnen zu Beginn des Jahrhunderts auch eigene Fußballabteilungen.

Rasch erfreut sich das neue Spiel einer immensen Beliebtheit. Die Regeln sind einfach: Es reichen ein Ball, eine Orange oder ein mit Socken oder Papier ausgestopftes Handtuch, ansonsten ist keine besondere Ausrüstung nötig. Die Deutschen, Italiener und Polen, die millionenfach gekommen sind, um auf den fruchtbaren südlichen Ländereien oder den Kaffee-Fazendas zu arbeiten, bilden eigene Mannschaften. Ob Proletarier, Bürgerliche oder Adlige – alle finden Fußball amüsant und aufregend, auch Schwarze und Mulatten spielen, allerdings woanders. Sie krümmen den Weißen besser kein Haar. Gobineaus Rassetheorien haben großen Erfolg in Brasilien: Die »Rassenmischung«, nationaler Fluch und göttliche Strafe, verunreinige Blut und Geist, führe unweigerlich in die Dekadenz. Ein Journalist, selbst »Mulatte«, proklamiert, die Afrikaner seien nach wie vor hauptverantwortlich für die Unterlegenheit Brasiliens. Anlässlich des ersten Weltrassenkongresses in London 1911 begrüßt der Direktor des Nationalmuseums von Rio die Tatsache, dass dank der europäischen Einwanderung bis zum Jahr 2012 der letzte brasilianische Schwarze verschwunden sein und

»Brasilien bald den Glanz der Zivilisation genießen« dürfe.

Um ihre weißen, unbefleckten Inseln zu schützen, dulden die Fußballvereine keine schwarzen Spieler oder Mitglieder, Fluminense untersagt ihnen sogar den Zugang zum Stadion. Allein der Bangu Atlético Clube nimmt ausnahmsweise auch schwarze Fußballer auf, sämtlich Angestellte des Textilunternehmens Fabrica Bangu, dem der Verein gehört.

Aus Angst vor rassistischen Beleidigungen oder Schlägen von Gegnern und Zuschauern verkleiden sich die ersten farbigen Spieler. Carlos Alberto reibt sich vor den Begegnungen von Fluminense das Gesicht mit Reispuder ein; seitdem trägt der Verein den Spitznamen »Reispuder«, und seine Anhänger streuen vor wichtigen Spielen immer noch Körperpuder auf den Rasen wie einen Talisman.

Arthur Friedenreich (1892–1969) ist der Star der Epoche, die erste Legende des brasilianischen Fußballs, der Torschützenkönig der Geschichte (1329 Treffer!), »el tigre«, ein Afrobrasilianer mit grünen Augen. Seine Haut ist hell wie die seines Vaters, ein deutscher Einwanderer, doch sein krauses Haar verrät das schwarze Blut seiner Mutter, einer Wäscherin. Vor den Spielen glättet er sich das Haar mit Brillantine, und zwar so ausgiebig, dass er immer als Letzter auf dem Platz eintrifft, manchmal sogar erst nach Spielbeginn.

Dank *el tigre* gewinnt Brasilien 1919 seine erste Copa América im eigenen Land. Friedenreich schießt das einzige Tor des Finales gegen den Titelverteidiger Uruguay, am übernächsten Tag werden seine Schuhe im Schaufenster eines Juweliers in Rio ausgestellt. Zwei Jahre später verbietet das Gastgeberland Argentinien nichtweißen Spielern seine Rasenflächen, und Staatspräsident Epitácio Pessoa, der in Bezug auf das Prestige seines Landes keinen Spaß versteht, beschließt, es Argentinien gleichzutun: Kein Halbblutfußballer darf die Nationalfarben tragen. »Fried« bleibt in São Paulo, und die *Seleção* verliert. Im darauffolgenden Jahr nimmt sie ihren Star reumütig wieder in Gnade auf und holt sich den Titel zurück.

## Revolution(en)

Friedenreich irritiert die Beobachter mit neuartigen Körperfinten. Der Torschütze ist ein Künstler, ein König der Ausweichmanöver – seine Strategie, um die brutalen Angriffe der nur selten vom Schiedsrichter bestraften weißen Gegner zu vermeiden, bezeichnet die Geburtsstunde des Dribblings in Brasilien. Trick und Überlebenstechnik: Dribbelnd können die ersten farbigen Spieler den weißen Verteidigern elegant ausweichen. Der schwarze Spieler, der sich windet und vorwärtsschlängelt, wird nach dem Spiel weder auf dem Platz noch von den Zuschauern verprügelt. Keiner bekommt ihn zu fassen. Er dribbelt, um seine Haut zu retten.

Hinter der Phantasie und Effizienz des Tigers wittern die Verantwortlichen des Vasco de Gama ein gutes Geschäft. Vasco ist der Verein der Portugiesen in Rio, größtenteils kleine Kaufleute, die neuen Deklassierten einer Stadt, die verächtlich auf die alte, inzwischen heruntergekommene Kolonialmacht und deren lokale Vertreter blicken. Vasco wagt das Undenkbare, wirbt andere Tiger an, ein paar Löwen und Panther, die besten Fußballer der Clubs aus den Randgebieten Rios, egal, welche Hautfarbe sie haben und was ihre mächtigen Rivalen davon halten, allein das Talent zählt. Die portugiesische Community findet in ihren diversen Geschäften Anstellung für die Spieler, Vasco professionalisiert sich zunehmend und gewinnt 1923, dem Jahr seines Aufstiegs in die erste Liga, die Campeonato Carioca – eine Revolution. In der Standardmannschaft sind drei Schwarze und ein *mestiço* aufgestellt. Zehn Jahre später dann eine zweite Revolution, das Ende des Amateurfußballs: Rio und São Paulo steigen in die Profiliga auf und müssen sich ihre besten Spieler sichern, die bereits Begehrlichkeiten bei den europäischen Meisterschaften und der argentinischen und uruguayischen Konkurrenz wecken. Der brasilianische Fußball öffnet sich endgültig den volkstümlichen Schichten, insbesondere den Schwarzen, die den britischen Sport zum *futebol* machen. Die langen Flanken mit entsprechend langen Flugzeiten des Balls, das eintönige *kick and rush* werden durch freche, individuelle Improvisationen abgelöst, das *joga bonito* (das schöne Spiel), ein farbenfroher Fußball, bei dem die Stürmer mit der Taille, dem »heißen Gürtel« des Dichters García Lorca, spielen wie Sambatänzer – etwas noch nie Dagewesenes.

Der Fußball wird immer tropischer, denn Brasilien erlebt gerade auch seine kulturelle Revolution. Es steht zunehmend zu seinem Harlekingewand und entdeckt die afrikanische Dimension seiner Identität.

Diese Umwälzung beginnt im Februar 1922 in São Paulo, einer schon damals kosmopolitischen Stadt, die bald eine vertikale werden sollte, das New York Südamerikas. Dort findet unter der Ägide einiger zorniger junger Männer, den brasilianischen Dada-Vertretern, die Woche der modernen Kunst statt. Sie wollen ihr Land aus der Abhängigkeit von Europa befreien. Wie ein dicker, komplexbehafteter Teenager ahmt Brasilien die ausländischen Vorbilder nach, will trotz seiner Haut, seines Klimas und seiner Geschichte, trotz seiner wahren, unbezwingbaren Natur ein Frankreich, Deutschland oder England der Tropen sein. Es ist an der Zeit, seinen archaischen Anteil, die Wurzeln und die Fremdartigkeit Brasiliens offenzulegen; sich die Beiträge seiner drei Gründungsethnien – der indianischen, afrikanischen und portugiesischen – zu erschließen und anzueignen; eine eigenständige Kultur, Sprache und Zivilisation zu begründen. Die Modernisten proklamieren, das Brasilianische könne nur eine Mischung sein, Blaise Cendrars, soeben in Brasilien eingetroffen, rühmt das unerhörte Talent, den Geist und den wachen Sinn für Polemik der Brasilianer.

Agrarbarone wie Bürger zucken zunächst mit den Schultern. Sie runzeln jedoch geradewegs die Stirn, als Mario de Andrade, der vielfältig begabte Papst der Modernisten, gleichzeitig Ethnologe, Musikwissenschaftler und Volkskundler, für seinen Roman *Macunaíma* (1928) gefeiert wird. Darin beschreibt er die tragikomische Odyssee eines Widerlings, ein »charakterloser Held«, der als Indio geboren wird, bevor seine Hautfarbe auf wundersame Weise abgewaschen, dann wieder eingeschwärzt wird und er sich in ein Sternbild verwandelt – eine Metapher des nach wie vor um seine Identität ringenden Brasiliens. Zum ersten Mal in der brasilianischen Literatur überträgt Andrade, der mit seinem Buch einen Vorläufer von Célines *Reise ans*

*Ende der Nacht* geschaffen hat, das gesprochene Idiom mit all seinen indianischen, afrikanischen und europäischen Ausdrücken in die Schriftsprache.

»Dieser Einfluss macht sich in unserer Zärtlichkeit, unserer übertriebenen Ausdrucksfähigkeit, unserem in Gefühlen schwelgenden Katholizismus, unserem Gang, unserer Sprache, unseren Wiegenliedern, unserer Musik und in allen unseren wesentlichen Lebensäußerungen bemerkbar (...) Es ist der Einfluss des Mulattenmädchens (...), das uns beim Knarren des Feldbettes die Liebe lehrte und uns zum ersten Mal unsere Männlichkeit erleben ließ.« Die Revolution triumphiert mit *Herrenhaus und Sklavenhütte* (1933), einer Erkundung der matten Lieblichkeit des Kolonialhauses. Gilberto Freyre verfasst eine epische Erzählung der rassischen und moralischen Dissonanzen Brasiliens, eine Hymne auf die Verschmelzung der Kulturen, die »sublime Besonderheit« Brasiliens. Er beschreibt die erstaunliche »miscenegation« seit der Entdeckung von Vera Cruz durch portugiesische Seeleute und betont die Rolle der schwarzen Sklavinnen für das Sexualleben auf den herrschaftlichen Anwesen, dem »großen fleischlichen Pfuhl«. Die hybride Identität Brasiliens, mehr Chance denn Fluch, verdanke sich vor allem Afrika und den Afrikanern, »Lieblingskinder der Tropen (...), den in Bezug auf das Klima und die brasilianischen Lebensbedingungen bestintegrierten Menschen«. Der Versklavung der Schwarzen, der Sexualität und der brasilianischen Familie widmet Freyre zwei lange Kapitel.

Die jahrhundertelang verkannte und verachtete schwarze Kultur überschwemmt nun unvermittelt die brasilianische. Die Literatur fabuliert über die zügellose Sexualität schwarzer Frauen, Dona Flor, Gabriela, alle Heldinnen der glühenden Romane Jorge Amados, die *mulata* inspiriert Dichter, Maler und Schriftsteller. Der Komponist Heitor Villa-Lobos, der brasilianische Gershwin, kombiniert afrikanische Rhythmen mit europäischer Klassik. Als Mischung aus afrikanischen Trommeln und portugiesischen Melodien erobert der Samba die Salons und setzt sich als *die* musikalische Ausdrucksform Brasiliens im Ausland durch. Die Parade der Sambaschulen wird zur Hauptattraktion des Karnevals in Rio de Janeiro, die *capoeira* der angolanischen Sklaven, ursprünglich eine Straßenkampftechnik, deren Ausübung sogar mit Zwangsarbeit bestraft werden konnte, zum Nationalsport. Die *feijoada*, ein Sklavengericht aus weißem Reis, schwarzen Bohnen und einer Soße aus Innereien und dunklem Fleisch, avanciert zu einem Emblem des brasilianischen Schmelztiegels, zum Eintopf, um den sich am Samstagmittag alle brasilianischen Familien versammeln. 1939 wird der erste Mai zum »Tag der Rasse« ausgerufen, um die nationale Brüderlichkeit der Rassenmischung zu feiern. Seitdem »hat die afrikanische Volkskultur die brasilianische Vorstellungswelt und Folklore nachhaltig geprägt«, sagt Alain Rouquié, der Vorsitzende des Südamerikahauses in Paris.

Der Fußball der dreißiger Jahre passt im Sinne der brasilianischen Verschmelzung zum Zeitgeist. Die besten Spieler sind Schwarze: der Mittelfeldspieler Fausto dos Santos, auch »das schwarze Wunder« genannt; die

»Mauer« Domingos da Guia, ein Vorfahre des legendären Innenverteidigers Thiago Silva, und vor allem Leônidas da Silva, genannt die Mücke, der er in Größe, Geschwindigkeit und Fintenreichtum gleicht: Leônidas, der König des Scherenschlags, des akrobatischen Fallrückziehers, die Sensation der 1938 in Frankreich stattfindenden Weltmeisterschaft. Ein Journalist von *Paris Match* behauptet, er habe sechs Beine, die Presse gibt ihm den Spitznamen »schwarzer Diamant«. Er beendet den Wettkampf, bei dem Brasilien im Halbfinale ausscheidet, als bester Spieler und Torschützenkönig.

Eine Zigarettenmarke und ein Schokoriegel werben mit seinem Spitznamen *Diamante Negro*. Leônidas wird zum berühmtesten Mann im ganzen Land, zum Aushängeschild des *futebol mulato*, den Gilberto Freyre, der Verfasser von *Herrenhaus und Sklavenhütte*, 1938 in einem Artikel theoretisch beleuchtet. Der *mestiço*-Nation entspreche ein laut tönender Fußball, ein poetisches, instinktives und schalkhaftes Spiel, voller »Verzierungen und Schnörkel«, ein Widerschein des afrobrasilianischen Ethos. Freyre stellt ihm den europäischen Fußball entgegen, prosaisch, körperlich, geometrisch, mit einem Faible für pseudowissenschaftliche Systeme: die italienische *metodo* der WM 1934 im Zeichen von Matthias Sindelar, dem Mozart des österreichischen Fußballs der Zwischenkriegszeit, und der sogenannte »Schweizer Riegel«, Vorläufer des *Catenaccio* der Nachkriegsjahre.

Der Swing des schwarzen Dribblers ist der Honig des *futebol mulato*. Nach Gilberto Freyre sollte dies auch der berühmte Sportkolumnist Mario Filho (das Maracanã-Stadion ist offiziell nach ihm benannt), in seinem epochemachenden Buch *O negro no futebol brasileiro* (1947) festhalten. Die Revolution ist auf dem Vormarsch, das Beste kommt erst noch.

## *O malandro*

Die brillanten Dribbler sind Nachfahren von Sklaven. Bis Ende des 19. Jahrhunderts waren Sklavenhandel und Sklaverei die Antriebskräfte der brasilianischen Wirtschaft. Nahezu vier Millionen Afrikaner wurden nach Brasilien »importiert«, »die meistentwickelte und beständigste Sklavengesellschaft der modernen Welt«[1], wie der Historiker Richard Martin schreibt.

Wie früher auf den Azoren oder in Madeira, wo die Afrikaner die Wälder gerodet und die landwirtschaftlichen Nutzflächen erweitert hatten, sahen die portugiesischen Grundbesitzer in der Sklaverei das einzige Mittel, um die Reichtümer der Kolonie auszubeuten. Auf den Zuckerplantagen und in den Zuckermühlen der Küstenregionen, in den Gold- und Diamantminen und später auf den Kaffee-Fazendas lassen sie die Schwarzen, die sie für kräftiger und produktiver halten als die Indios, für sich schuften. Die Sklaven stammen aus Angola, dem Sudan oder der Welt der Bantu und werden in den Häfen von Luanda und Benguela gegen *cachaça* und Tabak getauscht, bevor sie auf dem Seeweg in die portugiesischen Enklaven Amerikas verschickt werden: Salvador, Recife, bald auch Rio. Zeitweise ist der Handel so intensiv, dass diese Region im Südatlantik auch »lusitanischer See« genannt wird.

Der »Ebenholzhandel« ist einträglich, er nimmt ungeahnte Proportionen an und unterminiert die brasilianische Gesellschaft. Im Jahr 1800 besteht die Bevölkerung zur Hälfte aus Sklaven. Ein Beobachter bemerkt, Rio weise im Jahr 1830 die weltweit höchste städtische Konzentration an Sklaven seit Ende des römischen Kaiserreichs auf. Eine bürgerliche Familie besitzt rund zwanzig Domestiken, die größten Kaffee-Fazendas zählen bis zu tausend.

Auf den Druck Großbritanniens verbietet Brasilien 1851 den Sklavenhandel, doch die Sklavenhändler gehen ihren üblen Geschäften auch unter den Augen der königlichen Abgesandten nach. Hunderttausende Sklaven werden aus der Zuckerregion Nordeste Richtung Süden gebracht, nach Rio, nach São Paulo, dem neuen Mittelpunkt eines Landes, das sich erst 1888, über ein Vierteljahrhundert nach den Vereinigten Staaten, mit der *Lei Áurea*, dem Goldenen Gesetz, dazu entschließen sollte, die Sklaverei abzuschaffen. Ein Jahr später sollte das Kaiserreich Brasilien, der letzte Sklavenstaat der Geschichte, zusammenbrechen.

Die befreiten Sklaven bleiben sich selbst überlassen, werden von der Ersten Republik ihrem traurigen Schicksal überantwortet, von den Baronen in São Paulo (Kaffee) und Minas (Viehzucht), den in eugenischen und rassischen Vorurteilen befangenen Stützen des »Milchkaffee-Regimes«. Die Erfahrung der Freiheit ist schmerzhaft, und sie ist übergangslos. Zwar benachteiligt der Staat die früheren Sklaven in rechtlicher Hinsicht nicht, er gewährt ihnen aber weder Ländereien noch Unterstützung und bringt sie in Konkurrenz zu den motivierteren und besser ausgebildeten europäischen Immigranten. Verglichen mit ihnen haben sie keine Chance, und viele streben in die Großstädte, wo sie, von ihrem Umfeld und ihrer Familie getrennt, meist Analphabeten, zum Lumpenproletariat und Elend verdammt sind. »Die Abschaffung konsolidiert die Ungleichheit«[2], schreibt Alain Rouquié.

Untereinander pflegen die Oligarchen aus Angst, ihre Privilegien zu verlieren, einen versöhnlichen Umgang. Sie verbarrikadieren sich hinter einem undurchsichtigen Rechts- und Verwaltungssystem, einem gläsernen, sicheren Labyrinth für alle, die den Spielregeln folgen. »Alles für meine Freunde, für meine Feinde das Gesetz«, lautet ihre Devise.

Seitdem haben autoritäre und demokratische Regierungen einander abgewechselt, aber auch das zeitgenössische Brasilien kämpft noch immer gegen den berüchtigten bürokratischen Dschungel: Papierkrieg und Formalitäten, die organisierte Anarchie, ein fernes Erbe der Sklaverei, verantwortlich für viel Leid – heutzutage sind zwei Drittel der Armen in Brasilien schwarz. Ein Geschäft eröffnen, eine Genehmigung erlangen, ein Handy kaufen, all das kann absurde Ausmaße annehmen und bleibt unsinnig kompliziert. Wer keine Beziehungen hat, keinen einflussreichen Bürgen, wird verrückt, erstickt, fühlt sich ohnmächtig und zurückgewiesen. Zwei Länder koexistieren in Brasilien, das ein Wirtschaftswissenschaftler auf den Namen Belindia (einer Kontraktion aus Belgien und Indien) getauft hat und das andere mit dem Reich von Queen Victoria vergleichen – Afrika, Indien und Großbritannien auf demselben Territorium – oder mit einer Mischung aus der Schweiz und Pakistan. Zwei Brasilien, »die dominante Welt der Personen, die ohnmächtige Masse der Individuen«[3]. Das erste, effizient und modern, eine für die privilegierten Kasten, die Modulatoren des Systems, reservierte Autobahn; und das chaotische zweite, ein Dauerstau, in dem kein Vorankommen ist, den die Behörden weder auflösen können noch wollen.

Also muss man sich etwas einfallen lassen. Zu Beginn des 20. Jahrhunderts kommt der *malandro* auf, eine anrüchige Gestalt aus dem Carioca-Milieu, ein listenreicher, hedonistischer, fauler Schwarzer oder Mulatte. Der wie aus dem Ei gepellte Filou, im Frack oder Leinenanzug, nebst Gehstock mit Knauf und Zylinder, imponiert mit seinem Aufzug und seinem Aussehen. Mit seinem schlanken Wuchs und seinem athletischen Oberkörper beherrscht er die *capoeira*. Der *malandro* isst in den besten Restaurants zu Mittag, verführt die Frauen der Oberschicht, frequentiert Kabaretts, Casinos, Pferderennbahnen und Freudenmädchen. Unter seinem Jackett verbirgt er ein Rasiermesser und flaniert mit flackernden Augen, glänzendem Schnurrbart und katzenhafter Geschmeidigkeit über die Prachtstraßen der Hauptstadt.

Er tut nur, was ihm passt. Dieser Sklavensohn opponiert nicht gegen die Regeln, er umgeht sie, folgt nur seinen eigenen, wechselhaften, um seine Freiheit und seine Vergnügungen ganz auszukosten. Er pfeift auf die bestehende Ordnung. Ein Meister der faulen Tricks. Ein Schwindler und Gauner, ein abgefeimter Individualist, das brasilianische Pendant zu Bel-Ami, zum iberischen *picaro* und zum argentinischen *compadrito*, der gojische Verwandte von Mangeclous, von Manasseh da Costa, dem König der *Schnorrer*, von Isaac Bashevis Singers Zauberer von Lublin. Als klassische Figur unterdrückter Minderheitskulturen, halb Schurke, halb Dandy, no gods, no masters, verlässt sich der *malandro* allein auf seine Gerissenheit, um vielleicht doch noch gesellschaftlich aufzusteigen. Als diskreter Außenseiter, der Betrüger ist, ohne Verbrecher zu sein, improvisiert er und schlägt sich durch, setzt auf die Mithilfe anderer und denkt sich Tricks aus, *o jeitinho* – krumme Dinger.

*O malandro* ... der Musiker und Schriftsteller Chico Buarque hat seine Heldentaten in einer ganzen Oper besungen: »Der *malandro* tanzt und geht, er simuliert und verschleiert an der Grenze zwischen Gut und Böse, zwischen Legalität und Illegalität. Er ist ein Blender und Provokateur, ein sozialer Dribbler.«

Und weiter sagt Buarque: »Das Dribbling spiegelt einen typisch brasilianischen Charakterzug wider.«[4]

Der Dribbler ist der *malandro* des Fußballs.

Der *malandro* und der Dribbler sind Spieler. Beide liebäugeln mit dem Abseits und der Seitenlinie, tanzen auf einem seidenen Faden, immer in den Randzonen, neben der Eckfahne oder in der Nähe der Favelas. Sie müssen ihre Gegner in die Irre führen, um vorbeizukommen. Die unerwartete Bewegung, die falsche Fährte, die Körpertäuschung, ein Entrechat: Ronaldinho und Garrincha. Die fast unbeschreibliche Akrobatik von Robinho beim Spiel Brasilien–Ecuador 2007 im Maracanã[5] steht Normalsterblichen, der menschlichen Physis überhaupt, eigentlich nicht zu Gebote – pure schwarze Magie: Die Flatterbälle von Didi und Juninho, bei denen der Ball schwebt, Geschwindigkeit aufnimmt und plötzlich die Richtung ändert; der Heber von Pelé und sein Lobversuch aus dem Mittelfeldkreis gegen den uruguayischen Torwart Mazurkiewicz bei der mexikanischen Weltmeisterschaft 1970; ein Rückenpass von Neymar; oder die Tricksereien von Romario, *o baixinho* (der Kleine) genannt, ein Kind aus Jacarezinho, einer Favela in Rio, Weltmeister 1994 und Urheber von über 1000 Toren, Held auf den *dancefloors* und heute Abgeordneter des brasilianischen Nationalkongresses.

Der *malandro* und der Dribbler können sich auch selbst betrügen, sich von ihren bösen Trieben – Alkohol, Sex, Drogen und Geld – einholen lassen. Ronaldinho, der die Nachtclubs in Paris, Barcelona und Mailand, überall, wo er gespielt hat, unsicher machte; oder Adriano, der auf der Krankenstation von Inter Mailand Zuflucht suchte, um seinen Rausch auszuschlafen. Sokrates rauchte, trank und starb mit siebenundfünfzig. Garrincha, Garrincha.

Beim Fußball wie im richtigen Leben sollte der *malandro* die Kunst des Ausweichens beherrschen.

## Der Lehrmeister

Roberto Da Matta, 77 Jahre alt, erklärter Fan des *futebol* und ehemaliger Schüler von Claude Lévi-Strauss, ist ein berühmter Anthropologe, der für seine Forschungen über die Widersprüchlichkeiten der brasilianischen Gesellschaft weltweit Anerkennung gefunden hat. An einem feuchten Dezembernachmittag empfängt er mich bei sich zu Hause, in einem Compound in Noteroi, auf der anderen Seite der Bucht von Rio de Janeiro. Dribbler und *malandros* inspirieren ihn, ich lasse ihn erzählen:

»Dribbeln bedeutet zu oszillieren, eine Richtung einzuschlagen und sie im letzten Moment zu wechseln, vorwärtszustürmen, um wieder nach hinten zu laufen oder den Verteidiger zu umkreisen. Diese Kunst, in Sekundenbruchteilen Körper, Gesten und Ballführung voneinander zu trennen, hat etwas von einem Zaubertrick. Der Abwehrspieler weicht zurück, fixiert die Augen des Dribblers, seine Beine und sein Standbein, will losstürzen, vergeht vor Ungeduld, weicht erneut zurück und gerät ins Straucheln. Es ist sogar schon passiert, dass ein Verteidiger komplett den Ball vergessen hat und Garrincha hinterhergerannt ist, der seine Aufmerksamkeit so in Anspruch genommen hat, dass eine kognitive Dissonanz entstanden ist. Die Füße des Dribblers sind ambivalent, sie tragen und instrumentalisieren ihn gleichzeitig, wie bei dem Zusammenspiel zwischen Händen und Schläger: Irgendwann weiß man nicht mehr genau, wer wen kommandiert.

In Brasilien ist die Widersprüchlichkeit positiv konnotiert, denn unsere Geschichte ist eine Abfolge aus Zweideutigkeiten. Da ist zunächst einmal unsere Gründung als Sklavengesellschaft, in der sich alle gemischt und querbeet miteinander geschlafen haben – der Grund für unsere hybride Natur. Das portugiesisch-brasilianische Kaiserreich, der im Chaos der napoleonischen Kriege geborene Vorläufer Brasiliens, ist ein einmaliger Fall in der Geschichte. Auch wenn es, wie alle Imperien, von der Metropole ausgehend gegründet wurde, ist sein Mittelpunkt eine Kolonie aus Adligen und afrikanischen Sklaven. Die Republik hat zwar die Gleichheit aller Brasilianer vor dem Gesetz proklamiert, in der Praxis aber hat sich die Gesellschaftsordnung seit dem Sklavenreich kaum weiterentwickelt. Unsere Gesellschaft besteht aus einem kleinen, stark hierarchisierten Personenkreis: Autoritäten und Ehrenmänner, die Vorschriften machen und über das Leben und Schicksal unzähliger Menschen bestimmen, die ihrerseits diesen Vorschriften gehorchen müssen. Wenn wir wirklich die bürgerliche, kapitalistische Nation werden wollen, die wir schon so lange anstreben, müssen wir erst einmal die Vetternwirtschaft, das Abstammungs- und Eherecht aufgeben, also die Leistungsgesellschaft propagieren und die Gesellschaft allgemein durchlässiger machen.

Der Fußball aber ist wie die Chansons, die Kunst

und die Popkultur in Brasilien demokratisch und allen zugänglich, selbst denen, die am Rand der Gesellschaft stehen. Es zählt nur, dass du gut bist. Dein Herkunftsmilieu und deine Hautfarbe haben keinerlei Bedeutung. Es gibt keine Vergünstigungen und keine Hierarchie mehr. Ein Anwaltssohn spielt nicht bei Flamengo, dem beliebtesten Verein Brasiliens, weil sein Vater den Clubpräsidenten kennt. Die Nachfahren der Sklaven haben sich allein mit ihrem Körper, ihrem einzigen Eigentum, nach oben gearbeitet. In den Vereinigten Staaten haben die Schwarzen ihren Aufstieg dem Basketball und dem Boxsport zu verdanken.

Wenn man jetzt im Lotto gewinnen oder berühmt werden will, muss ein ehrgeiziger Mensch wie der Fußballer ein exzellenter Dribbler sein. Die Anfänge des Dribblings setzen eine Destabilisierung des Gegners voraus, eine Grenzverletzung, ohne ein Verbrechen zu begehen oder Gewalt anzuwenden. Es gilt in den Grauzonen unserer Gesellschaft zu bleiben. Genauso funktioniert der *malandro*. Er verführt, nutzt eine Situation zu seinen Gunsten und betrügt dafür notfalls, aber immer innerhalb der gesetzlichen Grenzen. Unsere *malandrade* – eine Mischung aus Gerissenheit, Schurkerei und Erfindungsreichtum – hat uns zu besonders fähigen Fußballern gemacht. Am Anfang waren wir schlechter ernährt und daher kleiner und mickriger als die Weißen. In den europäischen Mannschaften hingegen hat jeder einzelne Spieler Wasser auf die Mühlen der gut organisierten Gemeinschaft gegossen. Der dionysische Dribbler hat uns endlich befreit.«

Roberto Da Matta schließt mit dem Fazit: »In gewisser Weise sublimieren wir mit dem Fußball und dem Dribbling unsere Widersprüchlichkeiten, unsere Makel und ihre Erbsünde, die Sklaverei.«

## *Brachflächen*

Alles hat an einem Strand und auf der Straße begonnen, auf gestampfter Erde, trockenem Gras und später Asphalt, in der Stadt, in den Favelas, auf dem Land. An allen vier Ecken des tropischen Riesen, von Manaus im Amazonas bis Rio, Pablo Nerudas »schwarzer Najade«, spielt sich seit über hundert Jahren jeden Tag die gleiche Szene ab. Barfuß oder in ausgetretenen Latschen, selten in Leinen- und schon gar nicht in Lederschuhen, trudeln die Kinder ein, bilden zwei Mannschaften, in jeder ein Großer und ein Kleiner, die Dicken im Tor oder in der Abwehr, ein paar Steine, Taschen oder Holzstücke zur Markierung der Tore, und los geht's. Sie spielen, ohne Aufwärmtraining oder -runden ums Spielfeld – ja, was für ein Spielfeld eigentlich? –, ohne Dehnungsübungen. Sie spielen, und wenn sie keinen Fußball haben, kicken sie mit einem alten Tennisball, einer Orange, einer Kokosnuss, einer Konservendose, einem Sockenknäuel, einer Papierkugel oder alten Strumpfhosen, egal, womit. Früh lernen sie den Ball zu bezähmen, lupfen, stoppen und streicheln ihn. Sie wachsen mit ihm auf, als wäre er eine Verlängerung ihrer selbst, im Unglück vereint, ein Begleiter in guten wie in schlechten Tagen.

So werden die Dribbler der Brachflächen geboren,

die *campos de varzea*, die zukünftigen Cracks des brasilianischen *futebol*. Den Gegner ausschalten, den großen Bruder abhängen, keuchend und kichernd den Nachbarn zur Verzweiflung bringen sind ihre ersten Reflexe. Sie dribbeln in einer Staubwolke mit allem, was ihnen unterkommt, auf engstem Raum. Sie müssen den Hindernissen ausweichen, dem Eingreifen und Beinstellen der Abwehrspieler, aber auch Steinen, Schlaglöchern, Mülltonnen und Gehwegen. Sich zwischen Hunden, Bäumen, Autos und Laternen, all den Stadtmöbeln, hindurchschlängeln. Die Kinder müssen improvisieren. Die kleinen Brasilianer sind zwangsläufig technischer, trickreicher und undisziplinierter als die angehenden, schon früh im Verein ausgebildeten europäischen Fußballer. Sie spielen so wie ihre Vorfahren Samba getanzt haben, winden ihre Körper, setzen Füße und Arme in Bewegung, kreisen mit den Hüften – der Samba, ungebunden, fröhlich und anarchisch, so anders als die vorgeschriebenen Figuren der Tango- oder Salsatänzer.

Der Hüftschwung des Straßendribblers gleicht dem des *Capoeira*-Tänzers, der zweideutigen Kampfkunst der Sklaven, die in ein Spiel – einen Reigen – verwandelt wurde, sobald sich die feindlich gesonnenen Herren näherten. Behändigkeit und Schalkhaftigkeit, Tradition der Finten und Ausweichmanöver, Tanzkultur, Musik und Lieder, ein geschmeidiges Becken – der Dribbler und der *Capoeirista* sprechen die gleiche Körpersprache, das Spiel der Beine, die Lust am Vergnügen und an der Akrobatik (die *floreiros* der *Capoeira*), das afrobrasilianische Blut. Diese Schmetterlinge mit ihren Wespentaillen, eine Verbindung aus List und Anmut, sind siamesische Zwillinge.

Der Bandenführer, ob am Strand, in der Favela oder in einer Sackgasse, ist der Dribbler. Die Jungen sind eifersüchtig auf den Künstler, die Mädchen bewundern den Einzelkämpfer, den Erfinder wahnwitziger Gesten, absurder Rouletten und Haken, den Mann in der Schwebe, der keine Angst davor hat, den Ball zu verlieren, ihn nicht zu treffen, wieder neu anfangen zu müssen, sie bewundern den Unerschrockenen. Immer wenn ich in Rio bin, in der milden Dämmerung, beim Plätschern des rosigen Ozeans, bewundere ich, manchmal stundenlang, die Mini-Akrobaten und ihre Vorfahren, die Pinguine des Footvolleys.

Den Strand und die samstäglichen Jugendturniere in Copacabana wird es immer geben, aber auf der Straße wird schon seit Langem weniger gedribbelt. Schuld daran sind die Autos, die Gewalt, der Platzmangel, die Quadratmeterpreise in Rio und São Paulo, in den großen Städten, genauso wie Stefan Zweig es vor seinem Freitod in *Brasilien: ein Land der Zukunft* prophezeit hatte. 200 Millionen Brasilianer sind es heute, 1970, im Jahr der absoluten Weihe in Mexiko, waren es erst 93 Millionen. In der Zwischenzeit ist der *futebol de salao* oder *futsal* zum beliebtesten Sport Brasiliens avanciert, zur Kaderschmiede, in der die Tradition des Dribblings gepflegt wird und die besten Techniker heranwachsen: Ob Rivelino, Zico, Ronaldo, Ronaldinho oder Neymar – alle haben ihre ersten Schritte beim *futsal* gemacht. Dort spielt man zu fünft gegen fünf auf einem überdachten Spielfeld, das so groß ist wie der *playground* beim Basketball und wo »sich der Ball mit der Geschwindigkeit eines Hockey-Pucks bewegt«[6], wie der britische Journalist Alex Bellos schreibt. Wendige Knöchel, wirbelnde Gelenke, nur kleine Affen können auf einem so beengten Raum ihr Bestes geben. Lebendigkeit, Spannkraft, Geschick – beim *futsal* müssen, mehr als auf dem Rasen oder am Strand, alle Finten und Tricks perfekt sitzen. Ganz zu schweigen von der Erfindungsgabe: In Japan, wo Zico jahrelang als Trainer tätig war, soll er außer sich geraten sein, weil seine Spieler nie, aber auch wirklich nie, von seinen Anweisungen abwichen, unfähig, zu improvisieren und ihn zu überraschen. *Bushido* versus *malandro*. Der Samurai ist eben kein Spitzbube.

## Street Art

Hier nun ein paar Kunststücke des brasilianischen Straßenfußballs, ein kurzes Glossar, dem eine gewisse Poesie eigen ist, eine ganze Vorstellungswelt, Lachen, Schweiß und Spaß, Rio bei Nacht, die Spielfelder von Flamengo direkt am Meer; Trancoso bei Tag, weiße Strände und eine helle Sonne, Bahia, mein Brasilien.

*pedalada*: Hierbei führt der Dribbler abwechselnd beide Beine über den vor ihm liegenden Ball. Vielleicht hat Robinho diese Geste nicht unbedingt erfunden, wie es in Brasilien heißt (wo man übrigens die Urheberschaft für *alle* Stilfiguren des Fußballs beansprucht), aber er hat sie perfektioniert, manchmal womöglich übertrieben. Ronaldinho ist ein Meister auf diesem Gebiet, und bei diesem Spielchen erweist sich auch der Portugiese Ronaldo, wie so oft, alles andere als ungeschickt.

*embaixadinha*: Jonglieren. Die besten Jongleure setzen (Arme und Hände allerdings höchstens zum Ausbalancieren oder um einen Gegner zu verdrängen) ihren ganzen Körper ein: Nacken, Knie, Oberschenkel, Brust, Hintern und Kopf, alles, wirklich alles, wie Zirkustiere. Wenn die Kinder sich zu einer Musik – dem *baile funk* der Favelas, einer Mischung aus Elektromusik, Rap und brasilianischem Funk, mit wummernden Bässen und wilden Rhythmen, *black booty beats* – um einen spektakulären Jongleur versammeln, meint man, bei einem Breakdance-Wettbewerb zu sein.

*foca*: eine Unterkategorie des Jonglierens. Wie der Name besagt, gilt es hier, sich mit dem Ball auf dem Kopf fortzubewegen – wie genau, war mir ehrlich gesagt schon immer schleierhaft, ein bisschen wie eine Robbe – oder im Laufen mit dem Kopf zu jonglieren. In offiziellen Spielen eher selten, denn sie fordert die Aggressivität der Gegner, möglicherweise einen Kopfstoß heraus, ist die *foca* unbestritten ein Highlight beim Training oder zu Hause vor Frau(en) und Kindern.

*drible de vaca*: das Kuh-Dribbling. Dribbler und Ball trennen sich voneinander, der eine fliegt rechts am Verteidiger vorbei, der andere links, und beide laufen kurzfristig getrennter Wege, bevor sie gemeinsam neue Abenteuer bestehen.

*caneta* (Stift), *ovinho* (kleines Ei), *rolinho* (Röllchen) oder *janelinha* (Fensterchen): der Tunnel. Grundwissen des Dribblers und Schrecken des Verteidigers, der die Demütigung wittert – den zwischen den Beinen durchrutschenden Ball, ein kleines Ei, das Röllchen. Der Anthropologe Roberto Da Matta sieht im Tunnel die *malandrade* des schlitzohrigen brasilianischen Fußballers am besten verkörpert.

*chapéu* (Hut) oder *lençol* (Laken): Heber. Der Dribbler lupft den Ball über den Kopf seines Gegners und spielt hinter dem armen Teufel, der gerade noch verzweifelt nach ihm Ausschau hält, einfach weiter. Bis der Abwehrspieler sich umgedreht hat, ist der Dribbler schon über alle Berge. Die Begabtesten stoppen den Ball mit dem Oberkörper ab – eine hohe Kunst. Seit den beiden Weltmeisterschaften in Mexiko (1970 und 1986) gebrauchen die Fernsehkommentatoren vor allem die spanische Variante des *chapéu*, den *sombrero*.

*elastico* oder *flip flap*: ein ebenso genialer wie spektakulärer Doppelkontakt, mein Lieblingsdribbling (im Fernsehen, versteht sich, denn selbst zu meinen Hochzeiten im Team der University of Sussex war das sogenannte »Gummiband« weit jenseits meiner Fähigkeiten). Der Ball liegt vor dem rechten Fuß des Stürmers. Er tut so, als wollte er ihn auf den linken spielen, berührt ihn in Wirklichkeit aber in Windeseile zweimal mit dem rechten, und hopp, schlängelt sich an seinem Gegner vorbei, der nur noch chancenlos zusehen kann. Rivelino, der kurzbeinige, schnauzbärtige Flügelstürmer der siebziger Jahre, der mit seinen 1,69 Metern die Größe der Giganten im Fußball und der Diktatoren in Politik oder Unternehmen hatte, gilt als Erfinder des *elastico*. Und Ronaldinho, der Gummimann par excellence, ist nach wie vor der König des Doppelkontakts – auf dem Spielfeld und in den Nachtclubs.

## Adel verpflichtet

Ich glaube, das Faible der Brasilianer für die schöne Geste im Alleingang, den Absatzkick oder den *chapéu*, reicht weit zurück, bis zu den Wurzeln Brasiliens, die Sergio Buarque de Holanda (der Vater von Chico, dem berühmten Sänger) 1936 in einem gleichnamigen Buch erkundet hat, als Brasilien gerade seine komplizierte Geschichte, seinen sonderbaren Werdegang zu ergründen versuchte: diesmal die iberischen Wurzeln, die in seinem kollektiven Unterbewusstsein verborgen liegen.

Die Portugiesen waren abenteuerlustig. Als Seefahrer, Händler und Krieger überquerten sie Meere und Kontinente, waren auf Gewürze, Metalle und Edelhölzer aus, auf Ehre und schnelle Gewinne, die Mut und kaum Opfer erforderten. Die Siedler, die in Brasilien an Land gingen, waren der Bodensatz Portugals: Diebe, Hexenmeister, Dirnen und neue Christen, sämtlich gemeinrechtlich Verurteilte, die das kleine Königreich nur zu gern loswurde, bloß schön weit weg, ans andere Ende des großen, türkisfarbenen Ozeans, ins Land der Zuckermühlen und der ketzerischen menschenfressenden Indianer – ab in die diabolische Kolonie. Die Siedler gaben nichts auf Ausdauer und gewissenhafte Arbeit. Ganz Amerika, Nord-, Zentral- und Südamerika, ist ursprünglich ein Kontinent der Freibeuter, Brasilien ein von Räubern und abtrünnigen Priestern gegründetes Emporium.

Den ersten Brasilianern, den Weißen, den aufgeklärten »Mulatten« und den Indianern widerstreben alle praktischen Tätigkeiten, »exotische Früchte« seien sie, so Sergio Buarque. Sie schmähen mechanische und produktive Arbeiten, die moralisch verachtenswerte Fron. Schande über alle Kleinverdiener, Unwägbarkeiten und Vorsichtsmaßnahmen, Schande über die moderne Arbeitsreligion der nordischen Sekten, die protestantische Ethik, den Calvinismus, über Preußen, Holland und später den angelsächsischen Utilitarismus, all diese emsigen, hierarchiehörigen Menschen – arme Teufel, die Arbeit ist die Mutter aller Laster, macht endlich die Augen auf: Gott hat die Sklaven für die Fron geschaffen, zum Zuckerrohrschneiden bis zur Erschöpfung. Nur Müßiggang und Schneid machen etwas her – das persönliche Ansehen, die Herrlichkeit des Individuums.

Der wahre Adel ist das natürliche, spontane und lässige Talent. Mit ihm kann man sich auszeichnen. Um sich hervorzutun, braucht es die von den iberischen (portugiesischen und spanischen) Kulturen verherrlichte starke Persönlichkeit, »durchschlagende Formulierungen«, einen gewissen Exhibitionismus und das Genie der Improvisation, »Gesten, die an Gefühle und Sinne appellieren«; »körperliche, prickelnde Gesten, bei deren Anblick einem Hören und Sehen vergehen«. Es braucht das Spektakel. »Alles muss scharf gewürzt sein«[7], schreibt Sergio Buarque. Sein Sohn Chico sollte davon singen, dass es südlich des Äquators keine Sünde gebe.

Das Dribbling schöpft aus dem alten iberischen Erbe Brasiliens. Es kultiviert die schöne Geste, den Schneid und das persönliche Ansehen. Im Herzen der Fans kann der große Fußballer nur ein Überflieger sein, ein Götterliebling, dem alles in den Schoß fällt: ein Genie des Dribblings wie Garrincha, Ronaldinho oder Neymar. Die Brasilianer verachten die Akkordarbeiter und Trainingsstreber, alle pflichtbewussten Spieler. Didier Deschamps wäre in Brasilien wohl kaum beliebt gewesen. Der spröde Dunga, ein anderer Innenverteidiger, muss immer noch um Anerkennung buhlen, obwohl er mit der brasilianischen Nationalmannschaft alles gewonnen hat: zweimal die Copa America, dazu die WM 1994, bei der er sogar Kapitän war. Doch dieser Mann hat weder Adel noch Eleganz: Im Rose Bowl in Pasadena trotzt der Gaucho aus dem Süden auf dem Siegerpodest den Journalisten und stemmt mit verkniffenem Mund den Weltmeisterpokal in die Luft. Die Brasilianer werden ihm stets die großartigen Verlierer von 1982 vorziehen, das Traumteam um Zico und Sokrates, ihre lustvolle, unbekümmerte Mannschaft, die Verkörperung ihrer Vorstellung von Brasilien.

## Das goldene Zeitalter

Stockholm, am Nachmittag des 29. Juni 1958: Im Finale der Fußballweltmeisterschaft tritt Brasilien gegen Schweden an. Die *Seleção* hat sich rasant entwickelt und wartet mit beeindruckenden Stars auf: Didi, der Kopf des Botafago mit der stolzen Haltung einer Fulben-Prinzessin, an dem kein Ball vorbeikommt; Vava, der gefährliche Mittelstürmer; der Kapitän und Abwehrspieler Bellini, ein Cocktail aus Kraft und technischer Stärke mit dem Aussehen eines jungen Liebhabers; ein paar andere noch, Nilton Santos, Zito, Zagallo, bekannt als »Kleine Ameise«, und die beiden Entdeckungen des Turniers, Garrincha, der Chef-*malandro*, und dann das As der Auswahl, der lächelnde und schüchterne Junge mit den mädchenhaft umrandeten Augen, von dem alle reden: Pelé.

Brasilien spielt sich langsam warm – ein Sieg gegen Österreich, ein Unentschieden gegen England –, bevor es einen Gang zulegt, Garrincha und Pelé sind mittlerweile Stammspieler. Die *Seleção* besiegt die Sowjetunion, Wales und, im Halbfinale (5:2), die Bleus um Raymond Kopa, Roger Piantoni und Just Fontaine. Frankreich, die erste Mannschaft im Wettbewerb, der es den brasilianischen Tresor zu knacken gelingt, muss sich der *furia* seiner Stürmer geschlagen geben: Pelé glückt ein Hattrick gegen Claude Abbes, den Keeper von Saint-Étienne.

Ausnahmsweise hat Brasilien vor der Schlussphase nichts dem Zufall überlassen. Ein bekannter Geschäftsmann hat das Management der Mannschaft übernommen. Sie wird von einem Ernährungsphysiologen, einem Zahnarzt (die Zähne der Spieler sind oft in einem erbärmlichen Zustand) und einem Psychologen, der vor dem Turnier Pelés Kindlichkeit attestiert, nach Schweden begleitet. Garrincha gilt als zurückgeblieben und mindestens so fromm wie ein Lamm. Trotzdem bleibt man misstrauisch: Die 28 Zimmermädchen im Hotel der *Seleção* werden durch Männer ersetzt, die Nudisten der Region aufgefordert, sich entweder an- oder anderswo auszuziehen. Der Masseur verfügt angeblich über Hexenkünste, Brasilien soll endlich, endlich seine erste Weltmeisterschaft gewinnen.

Doch wenige Stunden vor dem Finale ist die talentierte Mannschaft noch ein Papiertiger. Der Starkommentator Nélson Rodrígues vergleicht sie mit einem »streunenden Hund«, nervlich labil, ohne moralisches Rückgrat, Anarchie und kurzlebigen Vergnügungen zugeneigt. Brasilien ist sich selbst der größte Gegner. Es hat noch immer nicht seine alten Dämonen, seine Minderwertigkeitskomplexe überwunden, scheint bestenfalls für den zweiten Platz prädestiniert. Brasilien ist das Land, in dem eine so vielversprechende Zukunft wohl nicht eintritt. Im Fußball hat es noch keine Beweise erbracht. Vier Jahre zuvor hatte es bei der Weltmeisterschaft in der Schweiz, bei der das Team frühzeitig gegen Ferenc Puskas Ungarn ausschied, ein bloßes Schattendasein gefristet. Brasilien hat keine Erfolgsbilanz vorzuweisen wie Italien, Deutschland oder das winzige Uruguay (bis 1828 seine ehemalige Provinz), das ihm im WM-Finale 1950 nach einem anfänglichen Rückstand die denkwürdigste Niederlage seiner Geschichte zugefügt hatte, zuhause im Maracanã, der Kathedrale aus Stahl und Beton, dem größten Stadion der Welt mit 200 000 Plätzen, das die Brasilianer errichtet hatten, um ihren globalen Ambitionen Ausdruck zu verleihen und ihren Triumph zu feiern. Seitdem hat die brasilianische Mannschaft ihr weißes Trikot gegen ein gelbes T-Shirt eingetauscht, aber das *Maracanãço* (das verlorene Finale 1950), das Waterloo der Tropen, verfolgt sie noch immer, als die Spieler an jenem 29. Juni 1958 kurz vor 15 Uhr auf den Rasen des Rasunda Stadions trotten. Die Schweden sind sich sicher: Wenn sie den ersten Treffer erzielen, bricht Brasilien ein.

Doch es kommt anders. Der *Seleção* gelingt trotz ihres Rückstands der Ausgleich, sie geht sogar mit zwei identischen Aktionen, zwei von Vava verwandelten Flankenangriffen Garrinchas, in Führung. Ihre ultraoffensive Aufstellung 3-2-5 ist bestens aufeinander eingespielt, Didi orchestriert, und die Solisten geben ihr Bestes, Garrincha auf seinem Flügel, Pelé im Mittelfeld, spritzig, überall zugleich. Sein erstes Tor ist das dritte für Brasilien, ein mit dem Oberkörper abgestoppter Ball, *chapéu*, Volleyschuss – ein Wunderding: Der König ist geboren, es lebe der König, seine Herrschaft hat begonnen. Die Brasilianer schwenken um, schlagen Haken, wechseln die Stellung. Sie dribbeln, provozieren, kombinieren, der Ball ist im Lager der Schweden, die sich abrackern, vergeblich um ihr Leben laufen, komplett überrollt werden von den wendigen, findigen Brasilianern. Sie sind zu groß, diese Schweden, ihre Beine sind zu lang, um einem solchen Ansturm standzuhalten, dem scharf gewürzten, spektakulären, neuartigen *futebol*. Samba, samba, singt das Publikum. Die Brasilianer haben Spaß, ohne sich zu verzetteln. Sie begehen nicht die gleichen Fehler wie ihre Vorgänger vor acht Jahren, die wie versteinert einfach aufgehört hatten zu spielen, nachdem ihnen der erste Treffer gegen Uruguay geglückt war. Sie behalten ihren Sieg fest im Blick. Und nicht nur das, sie haben den nötigen Schneid, setzen noch zwei weitere Tore drauf, darunter das letzte von Pelé, ein Kopfball direkt ins Netz – beim Abpfiff ist Pelé in Tränen aufgelöst, wird von seinen Mannschaftskollegen im Triumph getragen. Der Fußball hat seine Meister gefunden, Rio fängt Feuer.

Und Rio tanzt. Zu lässigen, sinnlichen Melodien, inspiriert von dem federnden Gang der jungen Carioca, von ihren wiegenden Hüften und festen Hintern. Am 10. Juli 1958, zehn Tage nach der triumphalen Rückkehr der Helden von Stockholm, kommt die erste Schallplatte der Bossa Nova heraus. *Bim Bom*, João Gilberto macht diese Stilrichtung bekannt, »eine energiegeladene, kernige und zugleich dezidiert moderne Musik«[8], schreibt Jean-Paul Delfino in *Brasil Bossa Nova*.

Die Bossa begleitet mich schon lange, erst die Klassiker: Tom Jobim, Vinícius de Moraes, João und Astrid

Gilberto, Sergio Mendes & Brasil '66, Milton Banana ... später entdecke ich anlässlich meiner diversen Aufenthalte in Rio auch die Hard Bossa und den Sambajazz. Die Bossa ist welthaltig, fröhlich und melancholisch, rein und lasziv, luftig wie Champagnerbläschen und zart zugleich, beschwört Erinnerungen an die Abenteuer in den schönen Vierteln von einst herauf, im südlichen Rio, an die flüchtigen Affären der goldenen Jugend Anfang der sechziger Jahre – Copacabana, Ipanema, die Geburtsstunde des *coolen* Brasiliens.

Eine stille Sommernacht, das Knistern der Nadel auf einer verbeulten Schallplatte, ein paar Takte Bossa und ich gerate ins Träumen, mit geschlossenen Augen sehe ich die üppigen *morros* und die reglose Lagune vor mir, die schweren Früchte der Dattel- und Kokospalmen, das Meer, den Wind und die Blumen, die rote Sonne, ich rieche den warmen, südlichen Regen, starken Alkohol, spüre die goldene *cachaça*, Flügel- und Herzschläge, das pulsierende, entfliehende Leben – die Musiker der Bossa, noch Kinder, haben schon alles gewusst.

*Berimbau, berimbau*, wispert die stammelnde Gitarre von Baden Powell, meinem Liebling. Ich verbinde seine Tempowechsel und sein Genie der Intuition mit den Bildern der brasilianischen Triumphe in Schweden und, vier Jahre später, in Chile. Die gleiche Reinheit der Linien und der Melodie, der gleiche Sinn für das Spiel und das Abseitige, die rhythmische Spannung, der Gitarrist wie der Fußballer lässt das Komplizierte, Raffinierte spontan und mühelos wirken. Auch die Künstler der Bossa Nova entpuppen sich als gefährliche Dribbler, stets an der Grenze zur Improvisation, an erster Stelle João Gilberto, den Jean-Paul Delfino mit einem Seiltänzer vergleicht, wie Garrincha, wie Rivelino, Tostão und Jairzinho, die Spitzen des bei der WM 1970 zum Einsatz gekommenen Dreizacks. João Gilbertos Stimme hält »das Gleichgewicht und wandelt auf dem schmalen Grat zwischen der Melodie, der *batida* (dem Rhythmus, den der Gitarrist mit der rechten Hand schlägt) und dem Orchesterhintergrund«. Fußball und Bossa streben nach Einheit, Gleichgewicht und der perfekten Kommunikation zwischen Instrumenten und Spielern.

Damals passiert etwas in Brasilien, die Puppe häutet sich zur Imago, der unbeholfene Jugendliche verwandelt sich in einen tatkräftigen, selbstsicheren jungen Mann, dessen Begabungen die Welt endlich anerkennt. Fußball, Musik, aber auch Kino – *novo*, versteht sich –, Avantgardetheater, Literatur (Clarice Lispector und João Guimarães Rosa), Poesie, »Neokonkretismus«, Architektur, abstrakte Biennalen – Brasilien ist in Wallung. Präsident Kubitschek ist der Spielführer, die charismatische Nummer 10, listig und unermüdlich. Juscelino, wie ihn die Brasilianer nennen, verspricht das Unmögliche, Automobile, Lokomotiven und eines Tages auch Flugzeuge *made in Brazil*, ein Riesensprung von fünfzig in gerade einmal fünf Jahren, und eine neue, von Niemeyer entworfene futuristische Hauptstadt, die einer Blume gleich inmitten der roten Wüste erblüht: Brasilia. Die den westlichen Pionierfronten, der Grenze Brasiliens zugewandte *novacap* hat fruchtbare Kurven. Die pharaonische Baustelle beginnt, zweieinhalb Jahre später wird Brasilia eingeweiht, das Land reitet auf einer Welle der Euphorie.

Im goldenen Zeitalter Brasiliens ist der Fußball das verbindende Element, im In- wie im Ausland. Pelé ist sein Wahrzeichen, und als diese Ära endet, als die anfällige Moderne dem Chaos und später der Militärdiktatur (1964) das Feld überlässt, trägt derjenige, den die Regierung mit noch nicht einmal 20 Jahren zum »nationalen Schatz« ausgerufen hat, ihren Geist weiter. Pelé haucht ihm auf den Fußballplätzen der ganzen Welt Leben ein, schwingt sich mit seinem Spiel in stratosphärische Höhen empor. Seinem Trainer beim Santos FC zufolge ist er außer Konkurrenz, der vollendete Athlet, schnell und explosiv wie ein Sprinter, gelenkig wie ein Turner und robust wie ein Boxer – ein körperliches und mentales Felsgestein, ein Vollblutfußballer. Pelé, der erste internationale Ballkünstler, die globale Pop-Ikone, wird überall, wo er hinkommt, wie ein Staatschef empfangen. Er ist der erste Schwarze auf dem Cover von *Life*, der erste (und mit Sicherheit einzige) vom Platz verwiesene Spieler, den die Polizei in Bogotá aufs Spielfeld zurückbringt, um die Meuterei auf den Zuschauerrängen zu stoppen; die brasilianische Mona Lisa, die während der Weltmeisterschaft 1970 von den mexikanischen Sicherheitskräften Tag und Nacht überwacht wird, weil in Kuba ausgebildete Guerilleros mit ihrer Entführung drohen. Sobald Pelé den Ball berührt, erschaudern die Zuschauer, die Frauen schreien. Alle wissen, dass sie einem außergewöhnlichen Moment beiwohnen und der Nachwelt erzählen können, sie hätten Pelé noch selbst erlebt.

In Chile hat er Pech – er verletzt sich zu Beginn des Turniers –, in England muss er sich den bulgarischen und portugiesischen Verteidigern geschlagen geben – Verweiskarten gibt es erst in Mexiko –, bevor er sich bei der erstmals live über Satellit ausgestrahlten WM 1970 zu neuen Gipfeln aufschwingt. Pelé verkörpert die ewige Jugend. Auf den Bildern, die ich mir in Dauerschleife ansehe, wirkt er unverwüstlich: Der einzige Spieler, der vom Schwarz-Weiß der Fünfziger zu den Farben der Siebziger, vom Transistorradio zum Satellitenfernsehen gewechselt ist, steht immer noch ganz oben, ist sogar noch besser geworden. 1000 Tore und drei Weltmeisterschaften liegen hinter ihm, zwölf Jahre schon, die Zeit kann ihm nichts anhaben, sein erstes Wettkampftor gegen die Tschechoslowakei – mit der Brust gestoppt, ein Volleyschuss –, ist praktisch identisch mit einem der Treffer, die er 1958 im Finale gegen Schweden erzielt hatte. Pelé ist ein Phänomen. Der Ball scheint mit seinem Fuß verwachsen, wenn er die Abwehr durchbricht. Er sieht und spürt das Spiel wie kein anderer, und wenn er springt, sieht es aus, als kletterte er auf eine unsichtbare Leiter, sein Sprungvermögen ist grandios, er bleibt in der Schwebe wie später Michael Jordan. Obwohl er nicht sehr groß ist, gleitet er während des gesamten Turniers in Mexiko mühelos über die Verteidiger, über den Weltfußball hinweg.

Der König hat Glück, in seinem von Zagallo, einem früheren Mannschaftskollegen, angeführten Team leuchten gleich mehrere Sterne: Jairzinho, schnell, kraftvoll und durchschlagend wie eine Gewehrkugel, der bei allen WM-Begegnungen ein Tor erzielte; Tostão (»Cent«), die listige Maus, die immer an der richtigen Stelle steht; der Fixpunkt, um den alle anderen herumwirbeln; Rivelino, der Linksfüßer mit den wiegenden Dribblings, das Idol des jugendlichen Maradona mit dem Spitznamen »Atomschuss«; Gérson alias *papagaio* mit dem tänzelnden Hüftschwung; Clodoaldo, das Metronom; Carlos Alberto, der Kapitän und Urheber des *wondergoal* im Finale gegen Italien, des vierten und letzten Treffers der *Seleção* nach einem blinden Pass von Pelé, den sich Alberto mit der Geschwindigkeit einer Rakete holt ... Mit seiner offensiven Armada gelingen Brasilien 19 Treffer in sechs Begegnungen.

Die brasilianische Mannschaft von 1970 spielt einen kinetischen Fußball. Individuelle Glanzleistungen und Gemeinschaftsaktionen ergänzen einander, Atemberaubendes und Verblüffendes, Überraschungseffekte, ein wahres Ballett, ein Bacchanal, der poetische Fußball, von dem Pasolini träumt, die große Oper der *malandros*.

Der *futebol samba* hat seinen Höhepunkt erreicht.

## Masse und Macht

Drei Weltmeisterschaften, die Jules-Rimet-Trophäe für die Ewigkeit, die schönste Mannschaft aller Zeiten, ein Gott des Stadions, ein Feiertag, Karneval, Trommelwirbel, Leuchtraketen am Tag nach dem Sieg in Mexiko: Brasilien jubelt, Brasilien ist stolz, niemand kann diesem Land Einhalt gebieten, dessen fußballerische Heldentaten das *Jornal do Bresil* mit der Eroberung des Mondes durch die Amerikaner vergleicht. Der »streunende Hund« hat seine Komplexe überwunden. Er ist zum Anführer der Meute geworden, und ihr Gebieter, Nélson Rodrígues, bezeichnet die Brasilianer diesmal als »Könige mit Hermelinmänteln und gezackten Kronen«.

Der Sieg 1958 hat die Brasilianer erlöst. »Heute macht sich keiner mehr einen Begriff davon, was das damals für uns bedeutet hat«, vertraut mir Roberto Da Matta an. »Skandinavien war das Höchste der Gefühle für uns. Der schwedische König, dieser Prototyp des hochgewachsenen, nüchternen Ariers, der uns den Pokal aushändigt und den schwarzen Spielern die Hand schüttelt. Wir wussten, dass wir die Europäer von jetzt an dominieren konnten. Vor dem Krieg hatten wir ihnen lediglich Konkurrenz machen können. Aber 1970 war das anders. Durch das Fernsehen nahm unser Triumph globale Ausmaße an. Im Fußball waren wir der Mittelpunkt der Welt und zum ersten Mal in unserer Geschichte die unangefochtene Hegemonialmacht.«

Seitdem ist Fußball eine brasilianische Disziplin. Bei jeder WM ist die *Seleção* Favorit, nur ein Sieg gilt nicht als Scheitern. Eine offensive Mannschaft spielt »brasilianischen Fußball«, ein spektakulärer Stürmer wird als »Brasilianer« bezeichnet – José Touré! –, ob in Katar, in China oder in Belgien, alle Vereine wollen einen Brasilianer zu ihrer Auswahl zählen. Als ich erfahren habe, dass ein gewisser Pita 1988 nach Straßburg transferiert wurde, habe ich den Parkettboden in meinem Zimmer geküsst (auf den Knien, wie Francis Borelli) und nachts kein Auge zugetan, weil offenbar ein Nachfolger von Zico oder Pelé in meinem Lieblingsverein spielen würde. War Pita nicht Brasilianer, also zwingend ein unübertrefflicher Dribbler und genialer Techniker?

Finten, Ausweichmanöver und Zauberkombinationen machen den nationalen Stolz und die weltweite Strahlkraft Brasiliens aus, diesen *futebol arte*, den die Politik (und später die Sponsoren) rasch auszunutzen wussten.

In den dreißiger Jahren dient die Beliebtheit des *futebol mulato* den Interessen eines starken, zentralistischen Staats, der von dem autoritären populistischen Präsidenten Vargas propagiert wird. Die Clubs, die *Seleção*, Leônidas' Kunststücke bieten den Sklavensöhnen und neu Eingewanderten gemeinsame Emotionen, ein (erstes) Mittel der Identifikation mit ihrem Viertel, der Stadt, der bunt gemischten Nation. Sie würdigen die Schwarzen und *mestiços*, während das Regime die verschiedenen Ethnien zu einem Volk zusammenzuschweißen versucht. Der *futebol* unterstreicht und befruchtet die kollektive Regenbogenidentität, er fördert die noch in den Anfängen steckende »rassische Demokratie«. Er spiegelt die spezifischen Eigenheiten Brasiliens wider und verheißt dem Land eine glanzvolle Zukunft.

*Brasil grande.* »Niemand stoppt dieses Land«, dieser Slogan trifft den Nagel auf den Kopf, in den siebziger Jahren instrumentalisiert die Militärregierung das Foto des triumphierenden Pelé, der die Faust in den mexikanischen Himmel reckt, will damit ihre Beliebtheit stärken, die nationale Lebendigkeit feiern und ihre Entscheidungen legitimieren: Industrialisierung, Entwaldung, Transamazônica – die hochrangigen Offiziere kultivieren den Mythos des Wachstums. Sie wollen ohne Umschweife zur Sache kommen, die Zeit der *malandrade* ist vorbei, stattdessen gilt es Macht und (ein tatsächlich rasantes) Wachstum zu propagieren, das »brasilianische Wunder«. Im Ausland dominiert nach wie vor das Klischee der Halbgötter von 1970, doch die Botschaft ist sanfter, friedfertiger: eine durchmischte Nation, kreativ und sexy, der die Brasilianer noch immer ihr positives Image verdanken, ihre universelle Anerkennung dank des *futebol arte*, der (zusammen mit Tanz und Musik) die brasilianische *Soft Power* ausmacht. Nike, seit ungefähr dreißig Jahren der Ausstatter der *Seleção*, hält diesen Mythos effizient am Leben.

Seit der mexikanischen Krönung gerät Brasilien alle vier Jahre in Wallung, wird unruhig und gereizt. Es fragt sich, wie die Weltmeisterschaft zu gewinnen ist, ob es defensiver und rationaler wie die Europäer spielen oder die Kultur des schönen – offensiven, aber riskanten – Spiels beibehalten soll, während seine Gegner immer besser werden. Prosaischer oder poetischer Fußball? Moderne oder Tradition? Dribbler oder Nicht-Dribbler, das ist die Frage, die altbekannte Metapher des brasilianischen Dilemmas, auf dem Rasen wie anderswo. Wird Brasilien seinem eigenen Weg oder dem ausländischer Vorbilder folgen, um sich weiterzuentwickeln? Ist es ein Inselriese oder eine etablierte Macht, ein Kästchen auf dem globalen Schachbrett?

Bei der Weltmeisterschaft 1974 in der Bundesrepublik Deutschland wird Trainer Zagallo seinem Spitznamen »Kleine Ameise« gerecht und entscheidet sich für die europäische Variante, was ihm nur schwer vorzuwerfen ist: Pelé, Tostão, Carlos Alberto und Gérson haben die Mannschaft verlassen. Die Auswahl ist schwächer, muss ihre Reihen festigen, darf nicht mehr leichtfertig Treffer einkassieren, wie sie es bisher gemacht hatte, sogar 1970 – damals hatten die Brasilianer immer ein paar Tore mehr geschossen als ihre Gegner. Jetzt aber wird die *Seleção* von den neuen europäischen »Brasilianern« aus dem Turnier geworfen, vom »Uhrwerk Oranje« des Holländers Johan Cruyff.

Vier Jahre später zeigt Brasilien in Argentinien ein noch defensiveres Spielmuster trotz neuer Talente wie Zico, Cerezo, Dirceu, Roberto Dinamite, dem *golea-*

*dor* von Vasco, und der Unterstützung eines ruhmreichen Ehemaligen, Rivelino, dem ewigen *elastico*. Der Coach spricht Englisch, bezeichnet sich selbst als Modernisierer und Gegner des Dribblings, das bloße »Zeitverschwendung und ein Beweis für die Schwäche Brasiliens« sei. Erneut versagt die *Seleção,* die den dritten Platz belegt.

In den nächsten beiden Turnieren knüpft sie wieder an ihre Traditionen an. Das Team der spanischen WM 1982 war *sensationell*, das 1986 in Mexiko nicht minder, um vier Jahre gealtert, trifft es auf die französische Mannschaft von Michel Platini. Telê Santana, der Trainer, ist gescheitert, seine Ästheten verlieren ehrenvoll, kommen jedoch nicht einmal ins Halbfinale: Es ist der Abgesang des *futebol samba*, unvereinbar mit den Anforderungen des globalen Wettbewerbs, mit der Konkurrenz der Italiener, der Deutschen und des Erzrivalen Argentinien, der *vista* Maradonas, dieser Teufelskerl, den die Medien mit Pelé zu vergleichen wagen – ein Sakrileg, das Trauma ist unermesslich, Brasilien fassungslos, es muss lernen, sich den Ball zurückzuholen, zu verteidigen und zu mauern.

Zur Weltmeisterschaft in Italien 1990 kehren die Modernisierer zurück: Der ehemalige Torwart Lazaroni, ein Theoretiker des Fußballs, wird zum Nationaltrainer ernannt. Er schwört, dass Brasilien weniger verspielt auftreten werde, hält sein Versprechen und stellt eine Mannschaft aus Kraftbolzen zusammen, an die sich alle Überdreißigjährigen bestimmt noch erinnern: an das Dazwischengrätschen und Am-Trikot-Zerren von Aldair, Branco, Dunga, Mozer oder Ricardo – diese Schlägertypen sind mittlerweile alle in Europa unter Vertrag, während fast die gesamte Mannschaft der WM 1982 noch in Brasilien gespielt hat. Die Globalisierung des Fußballs hat begonnen. Das Team setzt auf fünf Abwehrspieler und einen Libero, ein in der Geschichte des brasilianischen Fußballs noch nie dagewesener Granitblock. Gegen Schweden und Costa Rica stellt Lazaroni in der Vorrunde sieben Verteidiger auf (in den fünfziger Jahren waren es drei, 1970 vier), der *Seleção* fehlt es an Kreativität und Schneid, sie spielt auf Sparflamme, taktiert, erzielt vier Treffer in vier Spielen und fliegt im Achtelfinale gegen Argentinien raus. Die Brasilianer dribbeln nicht mehr, Lazaroni hat den *malandro* ruiniert und zieht es vor, nachdem ein Kopfgeld auf ihn ausgesetzt worden ist, vorerst nicht in sein Land zurückzukehren.

## *Batucada*

Seit dem Fiasko in Italien tut sich Brasilien schwer. Selbst wenn es gewinnt, begeistert es die Mengen nicht mehr. 2002 brilliert die spektakuläre Mannschaft der »4 R« (Ronaldo, Ronaldinho, Rivaldo, Roberto Carlos), trägt jedoch bei der exotischen WM in Asien nur einen kläglichen Sieg davon. Sie spielt ein mäßiges Turnier ohne denkwürdige Begegnungen, zu viele kleinliche Siege und zu viele Gegner auf Augenhöhe, die schwerfälligen Deutschen im Finale, im Halbfinale die unerfahrene, ungeschickte Türkei. Der Weltmeister von 1994 langweilt die Zuschauer zu Tode, von Dungas *Big Boys* sollten lediglich die Einfälle des Sturmduos Romario-Bebeto in die Geschichte eingehen – mehr nicht. Abgesehen davon enttäuscht die *Seleção*, mittelmäßige, später zweimal von Zidanes Franzosen besiegte Mannschaften, die sofort wieder in Vergessenheit geraten. Wer erinnert sich schon an die Brasilianer von 2010 oder 2006? Künstler sind über den Rasen gelaufen und haben zu Gott gefleht, nicht mit Amuletten, Kniefällen und Kreuzzeichen gegeizt, die brasilianischen Fußballer sind extrem abergläubisch; Meteoriten (Denilson, Adriano, Robinho) oder Stars, ein paar echte Riesen der Finten und Ausweichmanöver, Ronaldo, Ronaldinho, hoffen wir auf Neymar, doch Brasilien bringt weniger davon hervor, lasse ich mir sagen, die Kinder spielen nicht mehr auf der Straße, wandern zu früh nach Europa aus, werden in Clubs ausgebildet, um in die ganze Welt verkauft zu werden und für Devisen zu sorgen, man setzt auf Ausdauertraining und Körperkraft. Man diszipliniert und füttert sie, mit weißem Fleisch und Kohlenhydraten, ein gesunder Lebenswandel, bloß nicht zu viel Phantasie, kein sinnloses Hakenschlagen: Junge Männer, seid hart mit euch, schlagt nicht über die Stränge, haltet lieber Mittagsschlaf und baut Muskeln auf, die Champions League erwartet euch, Haendel, Ford, Hyundai, Heineken, Gazprom empfangen euch mit offenen Armen, schon mit zwanzig könnt ihr einen Bentley haben, ein kleines Schloss und die tollsten Frauen, Werbeverträge, einen Agenten, ein Leben in Saus und Braus! Brasilien kann sich nicht mehr erlauben, brasilianisch zu spielen. Spanien, Holland, Deutschland drängen nach; oder Italien, Argentinien, Uruguay, Belgien, Frankreich, wer weiß? 2014 herrscht eine erbitterte Konkurrenz, finanziell steht zu viel auf dem Spiel, um den *futebol arte* wiederzubeleben. Ein paar Geniestreiche, das schon, aber man setzt nicht mehr auf Konfrontation, will mehr Ruhe in die Sache bringen, sich absichern, die Highlights optimieren und die Schwachstellen minimieren, seine Kräfte gut einteilen, um zu gewinnen. Es geht um Brasiliens Ruf, um seinen Rang in diesem globalen Konzert, der tropische Riese ist (sehr) ehrgeizig. Nike bekommt attraktive Werbespots, die Sponsoren Inszenierungen des schönen Spiels – die Legende des brasilianischen Fußballs –, doch zu Zeiten von Messi, Ronaldo und Ibrahimovic, durchweg Ausnahme- und Vollblutathleten, ist kein Platz mehr für Dilettantismus oder lässige, gutmütige Kasper wie Garrincha.

Rosa und bläulich tanzt die zögerliche Morgendämmerung um die Reinigungsteams, ein paar zwielichtige Typen und eine Nutte, die ersten Jogger und die letzten Clubbesucher laufen am Strand von Copacabana entlang, es ist Sonntagmorgen. Ich mag nicht ins Bett gehen, bin noch ganz aufgekratzt von einer Party auf dem Hügel von Santa Teresa, umzingelt von den Favelas. Wie in der Höhe wachende Eulen mustern die großen Augen der Favelas die Tänzer im Pool – eine Fata Morgana im lauen Regen. Geometrische Klänge haben die Nacht zerfurcht, junge, glühende Körper in Ekstase versetzt. Oh, sie verrenken sich, sie trinken, rauchen Gras, nehmen chemische Drogen, küssen sich in allen möglichen Konstellationen, maß- und hemmungslos, Freud kommt schließlich nicht aus Rio, sie lassen sich treiben, auf jener von Cendrars geliebten »glühenden Erde« gibt es fast kein Über-Ich. Man ist meilenweit entfernt von Paris, von der kleinlichen Kargheit der Franzosen, von Europa, dem deutschen Arbeitseifer und dem angelsächsischen Pragmatismus: Lebe, genieße und werde, scheinen sie mir zu sagen, tanze, tanz um dein Leben, lass die Zügel schleifen, vergiss alles, vergiss dich, deine Alltagssorgen, das Gefühl des Nichts, die metaphysischen Ängste, den Schatten des Todes, Rausch und Schwindel, wahre Freude, die Lust am Feiern in den Umzügen und Stadien, die bis zu den Indianern zurückreicht, zum Karneval.

Im Maracanã am darauffolgenden Sonntag: Der Himmel wirkt bedrohlich, die Menge brodelt, der Kop (die *torcida*) von Flamengo fordert die Fankurve der Corinthians heraus, Rio gegen São Paulo, der Lärm der *batucadas* und *surdos*, der afrikanischen Trommeln, und dann das enorme Pfeifkonzert, die *Bronca*, Flamengo hat den ersten Treffer erzielt, Arme schwenken hin und her, das Stadion wogt im Rhythmus der *Blocos* des Samba, und auf einmal singt es von den Zuschauerrängen »favela, favela«. Ich lausche dem Chor und bekomme Gänsehaut, »favela, favela«, der Himmel wird blasslila, beginnt zu glühen, ein Feuerwerk wie beim chinesischen Neujahrsfest. Triebe, sentimentale Ergüsse, Intensität. Am Strand werden die Körper zur Schau gestellt, alle Körper, spektakuläre, groteske, gerade mal von einem Bindfaden zusammengehaltene ölige Hinterteile, ohne Komplexe, sie machen, wonach ihnen der Sinn steht. In Lapa reibt man sich im Puff oder auf dem Gehweg aneinander, Körper an Körper, klebrige Nacht, lauwarmes Bier, die Hölle von Hieronymus Bosch, am nächsten Tag wird dort ein Jugendlicher ermordet. Ein paar Tage später flippen meine Freunde Chico und Fred restlos aus, hüllen sich in ihre Flamengo-Trikots wie in heilige Reliquien. Die beiden Philosophen tanzen auf der Straße, ziehen einen leichenblassen Verleger in ihre Sarabande mit und alle drei, die Augen in den Farben ihres Marienkäfertrikots ganz schwarz und rot vor Aufregung, brüllen gegen den Krach der hupenden Busse an. Flamengo hat soeben die Copa do Brasil gewonnen. In welchem Zustand werden sie erst sein, wenn die *Seleção* Weltmeister wird?

Brasilien ist ein überschäumendes Land, das voll im Saft steht, in der Bossa Nova verschmelzen dem Dichter Moustaki zufolge Honig und Sperma ebenso im dionysischen Fußball von Friedenreich bis Neymar. Die hyperpotenten Dribbler laufen gegen das sterile Universum der FIFA an, gegen die Machenschaften ihres Präsidenten Sepp Blatter, die kommenden, nach Russland und Katar verkauften Weltmeisterschaften.

Es ist mein letzter Samstag in Rio. Die Sonne ist weich, der Ozean scheu, am Strand trifft Colorado Leme auf Copacabana Praia Club. Teams aus stolzen, widerspenstigen Teenagern, Gymnasiasten oder illegalen Straßenhändlern, die vielleicht regelmäßig gegen die hohen Preise der öffentlichen Verkehrsmittel und die brasilianische Zweiklassengesellschaft auf die Straße gehen, gegen das Brasilien der Individuen und das der Massen. Bei diesem Match agiert eine unerschütterliche junge Frau als Schiedsrichterin. Sie spielen barfuß und sie spielen schnell, der Ball wechselt die Lager, zügellose, ungehemmte Kinder, die die verrücktesten Sachen ausprobieren, Fallrückzieher, Taubenflügel, akrobatische Kopfsprünge, die Keeper fliegen in die Luft, wahre Trapezkünstler, die sich auf dem geschmeidigen Sand zum Glück nicht die Knochen brechen können, sie sind 16 Jahre alt.

Die Fans sind zahlreich. Sie trinken Bier, grölen und fluchen, öffnen die nächste Flasche, prosten sich zu, rülpsen, pfeifen, schimpfen bei jedem Rückzug, singen

Samba-Melodien, sobald jemand nach vorn stürmt. Einer zupft auf einer *cavaquinho*, einer kleinen Gitarre mit vier straffen Saiten, seine Kumpels trommeln, singen und psalmodieren, die Stimmung wird angespannter, die Minuten verstreichen, 1:1, 2:2, 3:3, zwischen den beiden FC Malandro steht es noch immer unentschieden. Da taucht plötzlich ein kleiner Schwarzer mit dürren Beinchen auf, »einen Funken kriminellen Wahnsinns in den Augen«[9], der Mittelstürmer des Praia Club. Er kommt herangeschossen, rennt weiter, weicht, schwuppdiwupp, dem Angriff eines ersten Verteidigers aus, täuscht den nächsten, eine Bewegung aus der Taille, ein kurzer Anlauf, Tunnel, er hält auf den Torwart zu, umrundet ihn und trifft – in Trance, ein Teufelskerl, der die Arme in den Himmel reckt, während die Zuschauer jubeln, sie glauben sich im Maracanã, stürmen aufs Spielfeld, nehmen den Torschützen auf ihre Schultern, wie Kinder.

Im Dribbeln spiegelt sich das Wesen Brasiliens.

*Rio, November 2013, Paris, Februar 2014*

# IM LAND DES KOSMISCHEN DRACHENS

*Argentinien
2019–2020*

## Die Ankunft

Es ist eine Geißel, die Millionen argentinischer Haushalte trifft: Pedro unterhält zwei parallele Beziehungen, eine mit seiner Frau und eine mit seiner aufreizenden Geliebten, ganz aus Kurven und Leder. Lange hat er ein anstrengendes und riskantes Doppelleben geführt. Doch im Laufe der Zeit hat er Frau und Kinder zunehmend vernachlässigt, und der Fußball hat die Oberhand gewonnen. Pedro lügt immer öfter, damit er ins Stadion gehen oder mit Freunden, manchmal sogar während beruflicher Meetings, auf dem Smartphone die Spiele schauen kann. Er läuft Gefahr, alles zu verlieren, seine Familie und seinen Job, ein wahrer Junkie. Der Film *El Futebol o yo* (*Der Fußball oder ich*) war 2017 ein Riesenerfolg an der Kinokasse.

Im darauffolgenden Jahr ging *La pareja del Mundial*, eine Serie mit kurzen YouTube-Videos, viral.[10] Ein junges Pärchen sitzt im Auto und freut sich darauf, bald an einem weißen Sandstrand in Mexiko die Hochzeit eines Cousins zu feiern. Doch dann lässt die Frau das Datum fallen. Der Mann erstarrt, verzieht das Gesicht und fängt an zu toben: Er will partout nicht mit. Am 23. Juni 2018 spielt schließlich Deutschland gegen Schweden und Südkorea gegen Mexiko. Man kann doch während der WM nicht einfach verreisen. »Oder wenn man unbedingt heiraten muss, dann eben in Russland!«, erklärt er seiner sprachlosen Partnerin in einer der nächsten Folgen. Die erste Fußballweltmeisterschaft ist für viele Paare eine Zerreißprobe.

Am 26. Juni 2011 steigt River Plate zum ersten Mal in seiner Geschichte in die zweite Liga ab. An diesem Tag wird El Tano Pasman, ein eingefleischter Fan dieses Clubs im Norden von Buenos Aires, von seiner Familie unbemerkt vor dem Fernseher gefilmt.[11] Für River Plate läuft es immer schlechter, und El Tano gerät außer sich, flucht und schimpft, was das Zeug hält, erleidet fast einen Schlaganfall – wer sich mit den wildesten Blüten des argentinischen Slangs vertraut machen will, sollte sich dieses Video anschauen, wie schon Hunderttausende andere Internetbenutzer vor ihm.

So steht es um Argentinien.

In den Cafés und Restaurants flimmern Tag und Nacht grüne Rechtecke an der Wand, die Fußballspiele von allen Kontinenten übertragen.

In den Buchhandlungen finden die Leser immer ein gut gefülltes Regal mit Büchern über Fußball. Fiktionale Texte aus der Feder der besten Schriftsteller des Landes (von Osvaldo Soriano, Eduardo Sacheri und »*El Negro*« Roberto Fontanarrosa, dem Meister des Faches), theoretische Essays, Biographien, Quellen, Memoiren von Spielern und früheren Stars, von Trainern oder Aficionados. Kein anderes Land intellektualisiert den Fußball so stark wie Argentinien.

Meine Verlegerin und die Pressefrau bei Tusquets in Buenos Aires sind glühende, wohlinformierte Fans von

Boca Junior. Und wehe dem, der diese abgeklärten Frauen provoziert, weil er für River Plate ist, den Erzfeind der Blau-Gelben von Boca.

Das erste Geschenk, das ein Vater seinem Kind macht, ist das Trikot »seiner« Mannschaft. Zu seinem ersten Geburtstag bekam Lionel Messi das rot-schwarze T-Shirt der Newell's Old Boys, einem der beiden wichtigsten Vereine seiner Heimatstadt Rosario.

Der Fußball ist die Religion der Argentinier und für Papst Franziskus eine Herzensangelegenheit. Angeblich redet er ständig darüber und lässt sich gern die Trikots der Nationalmannschaften seiner Gastgeber schenken. Jorge Mario Bergoglio ist ein *socio* von San Lorenzo, ein Verein, der Anfang des 20. Jahrhunderts von einem Priester gegründet worden war, damit die Kinder aus den Stadtvierteln Almagro und Bodeo nicht mehr ihr Leben riskieren mussten, indem sie auf der Straße spielten. Als San Lorenzo die Copa Libertadores (die südamerikanische Champions League) gewann, reiste eine Vereinsdelegation nach Rom, um dem Papst den Pokal zu präsentieren. Bergoglio wird der Nachwelt mit Sicherheit erhalten bleiben: Das neue Stadion von San Lorenzo ist nach ihm benannt.

Die argentinischen Clubs sind gemeinnützige Vereine, deren Mitglieder den Präsidenten selbst bestimmen. Im Dezember 2019 wurde der Präsident von Boca gewählt. In den Wochen vor der Wahl war ganz Buenos Aires mit riesigen Plakaten der Kandidaten beklebt, und angesehene Zeitungen wie *La Nacion*, *Clarin* oder *Perfil* schrieben ausschließlich über den Wahlkampf, als würde das Land demnächst einen neuen

Staatspräsidenten wählen. Ein bisschen war es auch so. Nach seiner Zeit bei Boca Junior wurde Mauricio Macri Bürgermeister von Buenos Aires und später tatsächlich Staatspräsident. In Argentinien führt ein direkter Weg von der Verwaltung eines Fußballvereins an die Spitze des Staats.

Sonntag, der 3. November 2019, La Bombonera in Buenos Aires. In der »Pralinenschachtel« spielt Boca Junior gegen Arsenal aus Sarandi. Meine beiden Schutzengel bei Tusquets haben zwei Plätze für uns in der Nähe des Spielfelds ergattert, von dem die Fans durch eine mit gefährlichen Zacken bekrönte Scheibe getrennt sind, da es lange eine Spezialität der Argentinier war, einfach auf den Rasen zu stürmen. Es ist 11 Uhr morgens, die Sonne brennt, und wenn Annabelle und ich aufblicken, sehen wir es nur Gelb und Blau um uns aufragen: In der Kathedrale aus Beton wachsen die Zuschauertribünen senkrecht empor, ein Gefühl des Schwindels, der Himmel ist blau, das Licht gelb, als hätte sich das Universum in die Farben des Hafenarbeiter-Vereins gehüllt, den Lieblingsclub der kleinen Leute (und der Kaviarlinken) in der Hauptstadt. Ein Regen aus *papelitos* ergießt sich über die Spieler, als sie auf den Rasen laufen. Zur Zeit der Sonntagsmesse singen die freudig zusammengeströmten Gläubigen zweimal fünfundvierzig Minuten lang ununterbrochen fromme Lieder und schwenken mit angewinkeltem Ellbogen begeistert den rechten Arm hin und her, ein lässig wirkender militärischer Gruß. Eine gemeinsame Kommunion im Rhythmus der Schlagzeuge und entfesselten Trommeln der argentinischen Ultras, der *barras bravas*, die die Tribünen hinter den Toren okkupieren; Männer und Frauen erstarren, euphorische Kinder beben und schaudern, und La Bombonera wogt und zittert und brüllt, als Carlitos Tevez, der Apache aus den Armenvierteln, mit einem akrobatischen Fallrückzieher den ersten Treffer erzielt. Selbst Annabelle, eine in der Halbzeit erstandene Boca-Kappe zum Schutz vor der Sonne auf dem Kopf, selbst Annabelle, der alle Massenbewegungen und kollektiven Trancezustände (ja, Fußball an sich) widerstreben, findet Gefallen an der Sache, ist fasziniert von diesem Atem, dieser Energie, der bedingungslosen Liebe, und verstört von den glühenden Gesichtern, der allgemeinen Ekstase.

Samstag, der 23. November, im Estadio Monumental in Buenos Aires. River Plate trifft im Finale der Copa Libertadores auf Flamengo: Buenos Aires gegen Rio de Janeiro, Argentinien gegen Brasilien, feindliche Brüder. Meine beiden südamerikanischen Lieblingsstädte und -vereine, zwei legendäre Mannschaften, ich würde mir ein Bein ausreißen, um dieses lateinamerikanische Gipfeltreffen nicht zu verpassen, aber die Begegnung findet in Lima statt. Ich spiele mit dem Gedanken, auf dem Landweg nach Peru zu reisen, mit einem von den River-Fans angemieteten Bus, viertausend Kilometer durch die Pampa und die Anden, durch die Mondlandschaften von Atacama und Ica, dann am Pazifik entlang auf der Panamericana, bis ich Daniela kennenlerne, meine Tischnachbarin bei einem Mittagessen in der französischen Botschaft in Buenos Aires. Daniela, Vorsitzende einer renommierten Stiftung und Verlegerin, ist *socio* von River, dem »Club ihres Lebens, ihrer großen Leidenschaft« – neben ihrer bildhübschen Tochter, von der sie mir beim Nachtisch ein paar Fotos zeigt. Sie selbst wird (im Flugzeug) nach Lima reisen, rät mir aber, in Buenos Aires zu bleiben und das Finale zusammen mit den *hinchas*, den River-Fans, im Estadio Monumental zu schauen. Sie verspricht, zwei Tickets für mich aufzutreiben, die nur Vereinsmitgliedern vorbehalten seien.

An jenem Samstag, einem 23. November, heißt Annabelle Maria und ich Ezequiel. Rot und weiß angemalt, betreten wir die Cafeteria, nachdem wir, die Daumen auf dem Foto der eigentlichen Inhaber, den Wächtern am Eingang des Stadions unsere *socio*-Ausweise gezeigt haben. Eine halbe Stunde vor Anpfiff platzt die Cafeteria bereits aus allen Nähten: Frauen und Männer jeden Alters, Kinder, Hunderte, Tausende vielleicht, die sich hier in den schönsten Trikots der Welt – weiß, mit roter Borte und dem breiten roten Diagonalband – eingefunden haben. »Eigentlich wie das Trikot der Peruaner, ein gutes Vorzeichen«, sagt Annabelle, um die Atmosphäre zu entspannen. Ich trinke literweise Wasser und bin ein bisschen aufgeregt. Sie wirkt fast schon erfreut (oder sagen wir besser neugierig) bei der Vorstellung, einen x-ten Fußballnachmittag vor dem Fernseher zu verbringen.

»*Vamos millionarios …!*« Das Spiel hat noch gar nicht begonnen, da springen die Zuschauer schon auf, singen und machen einen Höllenlärm, während sie auf die Tische schlagen und hochhüpfen – sie glauben sich im Stadion. Fanatiker, Besessene. Nie werde ich ihre erstarrten Gesichter vergessen, verzerrt wie die Masken im japanischen Nō-Theater, ebenso wenig das vor Angst leichenblasse Gesicht Annabelles, als River den ersten Treffer schießt. Die Cafeteria gerät in Wallung, die Hühnchen (so heißen die Fans nach dem Vereinsmaskottchen) liegen einander in den Armen, ich vollführe Freudensprünge. Im Großen und Ganzen haben die Argentinier die Brasilianer im Griff, jetzt, wo sie in Führung liegen, lassen sie sie herankommen, preschen, sobald der Ball wieder in ihrem Besitz ist, los, und wie ein Luftzug sind sie in drei Pässen über das ganze Spielfeld gefegt und haben erneut das Tor von Flamengo im Visier. »Weiter so, gut so«, die Augen unverwandt auf die Bildschirme geheftet, bejubeln die Fans sämtliche Aktionen, jedes Hereingrätschen ihrer Schützlinge. Die Spannung steigt und steigt, in der zweiten Hälfte verrinnt die Zeit, River verlegt sich auf die Defensive. Rings um uns Schweigen, Gemurmel, eine Nachbarin in schwarzen Leggings hat sich hingekniet und küsst in regelmäßigen Abständen ihren Rosenkranz, mit halb geschlossenen Augen, um ja nichts zu verpassen. Ein paar muskulöse junge Männer bekreuzigen sich, ein Glatzköpfiger beißt Fingernägel, während seine dralle Frau sich nervös mit einer Hand durch das wasserstoffgebleichte Haar fährt. Ich würde mich gern verdoppeln, um gleichzeitig dem Spiel folgen und diese besorgten Gesichter fotografieren, all die gequälten Körper und Seelen in Erinnerung behalten zu können. In ein paar Minuten, die so zäh verstreichen wie Regentage, wird River der südamerikanische Champion sein, zum fünften Mal, doch die Brasilianer haben noch nicht aufgegeben, sie stürmen Richtung Tor, die

Cafeteria schwankt, zittert und betet. Meine Anspannung steht den Qualen der anderen in nichts nach, ich versuche es mit einem Ablenkungsmanöver und rette mich feige auf die Toilette: Wenn ich zurückkomme, hat River dann hoffentlich endlich gewonnen. Vor dem Pissoir höre ich einen Aufschrei. Dann noch einen, während ich den Reißverschluss hochzerre. Flamengo hat zwei Tore geschossen und den Pokal gewonnen. Die River-Fangemeinde ist untröstlich, die tätowierten Kolosse weinen, ein Junge schluchzt herzzerreißend, und dann die Wut der Nachbarin, die inzwischen mit geröteten Augen aufgestanden ist und ihren verfluchten Rosenkranz weggeschleudert hat.

Als wir aus dem El Monumental kommen, wird es langsam dunkel, die blühenden Jacaranda duften, wir springen in ein Taxi. Der Fahrer beobachtet mich spöttisch im Rückspiegel, an dem ein Boca-Wimpel baumelt. *Schadenfreude* in Buenos Aires: Die falsche Schlange fragt, wie unser Nachmittag gewesen sei.

Neulich habe ich geträumt, dass es in Paris nicht nur einen erstklassigen Fußballverein, sondern gleich zehn davon gäbe. Jedes Wochenende fiebern die Pariser bei den *clasicos* mit, die seit über einem Jahrhundert das Hauptstadtleben prägen. Der Rote Stern von Stalingrad unter den Augen von El Mélenchon, seinem Ehrendiktator, trifft auf die Green Hidalgos (Paris X), die mit dem Elektroroller bis zum Rosa-Luxemburg-Stadion direkt am Canal de l'Ourcq gekommen sind. Die Fans von Raja de Belleville sind in der Golda-Meir-Arena des FC Techouva (Paris XVII) nicht zugelassen.

Im unteren Tabellenteil riskiert der AS Langweilig (Paris XV) gegen Ende der Spielzeit regelmäßig Kopf und Kragen gegen den Guangzhou 13, einen ehrgeizigen Aufsteiger. Zweimal im Jahr lähmt der *Superclásico* die Metropole, und die Fans prügeln sich mit schöner Regelmäßigkeit im Jardin du Luxembourg. Der Qatar Saint-Germain (sechs Siege in der Champions League) tritt gegen den Racing Saint-Germain an (vier Champions-League-Siege), dessen neue, cremefarbene Adidas-Trikots mit rotem Streifen im Bon Marché für reißenden Absatz sorgen. Achtundachtzigtausend Zuschauer strömen regelmäßig in die Albert-Camus-Arena, Place Saint-Supplice. Und der Präsident von Racing, Antoine Gallimard, sitzt im Sattel, seitdem ihm hartnäckige Gerüchte andichteten, er wolle den von seinem Großvater gegründeten Verein an die Amerikaner von Random House verkaufen.

Dieses imaginäre Paris heißt Buenos Aires. Fünf bedeutende Vereine: River Plate, Boca Junior, San Lorenzo sowie der Racing Club und Independiente, die Rivalen aus Avellaneda, einem Industrievorort, stehen regelmäßig im Rampenlicht und hassen sich (mehr oder weniger) innig. Ihre Fans stammen quer durch alle Milieus aus ganz Argentinien. In ihren uralten Kampf mischen sich immer wieder auch gefährliche Bezirksmannschaften ein, die Argentinos Junior (aus dem *barrio* La Paternal), Velez Sarsfield (Liniers), Huracán (Parque Patricios), Ferro Carril Oeste (Caballito). Zählt man die Clubs aus dem Großraum Buenos Aires dazu (Lanús, Banfield, Arsenal etc.) und die aus der gleichnamigen Provinz (z. B. Estudiantes de La Plata), hat man alles in allem circa zwanzig Profimannschaften mit eigenem Stadion und eigenen (oft altmodischen) Infrastrukturen, mit spezifischen Traditionen und Legenden, mit Bistros, Pizzerien und Wandmalereien in den Farben ihrer Helden – ein Kiezleben rund um die Mannschaft und nachbarschaftliche Rivalitäten, voller ethnischer und gesellschaftlicher Vorurteile, die bis ins frühe 20. Jahrhundert zurückreichen, als die meisten Vereine von blutjungen Männern gegründet worden waren.

Buenos Aires lebt Tag und Nacht im Rhythmus des Fußballs – eine melodiöse Kakophonie. Doch manchmal wachsen Stadt und Behörden die Dinge über den Kopf. Ende 2018 trafen River und Boca im Finale der Copa Libertadores aufeinander, das Hinspiel in La Bombonera, das Rückspiel in El Monumental. Dieses »Jahrhundertfinale« entfesselte so viele Affekte (der Boca-Bus wurde auf dem Weg ins Monumental angegriffen), dass die zweite Begegnung nach Madrid verlegt werden musste, wo River schließlich in der Verlängerung gewann.

Das Fieber von Buenos Aires, Märchengeschichten eines normalen Wahnsinns. Kult, Exzess und Maßlosigkeit beschreiben das Verhältnis der Argentinier zu ihrem Club und ihrer Nationalmannschaft – aber nichts geht über den Verein. Am Steuer ihrer schwarzgelben Autos wiederholen alle Taxifahrer das Gleiche: »Heutzutage können Sie Ihre Frau, Ihre Religion, Ihr Geschlecht, Ihre Staatsangehörigkeit, einfach alles, beliebig wechseln … aber einer Sache bleiben Sie immer treu: Ihrem Lieblingsverein.«

1967 gewann Racing die Copa Libertadores. Ein paar Nächte später verschafften sich ein paar fanatische Anhänger von Independiente Zugang zum Stadion des Rivalen aus Avellaneda und verbuddelten dort sieben schwarze Katzen. Als die Sache aufgeflogen war, gruben die *Racingmen* sechs Tiere wieder aus. Sie setzten Himmel und Erde in Bewegung, aber die letzte Katze blieb unauffindbar. Der böse Zauber tat seine Wirkung. Während Independiente von Sieg zu Sieg flog (und fünfmal die Copa Libertadores gewann), ging es mit Racing zusehends bergab, bis der Club Ende der neunziger Jahre sogar Pleite machte. Seine Fans hatten nur noch eine fixe Idee: die Überreste der letzten schwarzen Katze zu finden. Aus ganz Argentinien strömten Hunderttausend Fans herbei, suchten erneut das ganze Spielfeld ab und entdeckten das Tier schließlich in einem betonierten Graben. Im darauffolgenden Jahr gewann Racing den Wettbewerb und damit den ersten Titel, seitdem der böse Zauber vor mittlerweile sechsunddreißig Jahren seinen Anfang genommen hatte.

Rosario, die Stadt von Che Guevara und Messi, ist die andere Hochburg des argentinischen Fußballs. Sie ist zweigeteilt, wie Berlin zu Zeiten der Mauer: auf der einen Seite die Gelb-Blauen von Rosario Central, auf der anderen die Schwarz-Roten der Newell's Old Boys. Ende 1971 stritten die beiden Teams um die Meisterschaft. Central gewann schließlich mit einem Tor Vorsprung, einem grandiosen gehechteten Kopfball, einer sogenannten *palomita* (kleine Taube). Aldo Pedro Poy war förmlich in die Luft geflogen, um den Ball ins Netz zu katapultieren, und hatte damit das berühmteste Tor in der Geschichte von Rosario erzielt. Seitdem treffen sich Poy und die Fans von Central jedes Jahr am 19. Dezember und stellen die Szene nach: Poy spannt seine Flügel aus und wird zur *palomita*, bevor anschließend alle gemeinsam mit dem Helden zu Abend essen.

»In Argentinien«, sagt Guillermo, der Nachtportier des Kulturzentrums, in dem wir wohnen, »brauchst du nicht lange zu suchen, der Fußball ist einfach stärker als alles andere.«

In einem seiner Vorträge über den Tango behauptet Borges, Argentinien sei mit einem Menschentyp und einer Musik verknüpft, mit dem Gaucho und dem Tango. Ob er, der diesen Sport so hasste, nun will oder nicht – um eine dritte Analogie kommt man einfach nicht herum: den Fußball.

Hier also ein kurzer Abriss seiner Geschichte.

## Die Engländer schießen zuerst

Rote Flecken auf den Weltkarten des späten 19. Jahrhunderts. Das British Empire erstreckt sich über sämtliche Kontinente, seine Schiffe und Seefahrer überqueren die Ozeane. Die Engländer beuten Südamerika aus, das Kupfer in Chile, den Guano in Peru und in Brasilien und Kolumbien den Kaffee. In Argentinien und Uruguay herrschen sie über das Bankwesen, die Fleisch-, Leder- und Wollindustrie. Sie haben das Eisenbahnnetz geplant, finanziert und sich zunutze gemacht – der Torre Monumental (früher *Torre de los Ingleses*) vor dem Bahnhof Retiro im Nordosten von Buenos Aires erinnert noch heute daran: Argentinien war praktisch eine Kolonie, in seiner Hauptstadt lebten damals vierzigtausend Briten. Wie überall, ahmen sie ihr Inselreich nach, bauen Krankenhäuser, Schulen und anglikanische Kirchen, gründen Zeitungen und Sportvereine. Der Sport wird von den Viktorianern des späten 19. Jahrhunderts ganz besonders hochgehalten, als Vektor ihres gestiefelten Christentums und Geheimnis ihrer strotzenden Gesundheit. Tapferkeit, Korpsgeist, Ausdauer, Kraft, Harmonie und Enthaltsamkeit – so erklärt sich ihre Hegemonie. Wie im Mutterland, wo er seit seiner Erfindung in den 1860er-Jahren Furore macht, ist der Fußball von allen Sportarten das Lieblingsspiel der Schüler und ihrer Hafenarbeiter-, Ingenieurs- oder Eisenbahnerväter.

Wenn Großbritannien die mächtigste, reichste und modernste Nation der Welt ist, muss man auch ihre Sitten übernehmen und diesen importierten Sport ausüben, denken sich die kreolischen Eliten. Binnen weniger Jahre wird in sämtlichen Gesellschaftsschichten Fußball gespielt: Der Erfolg ist spektakulär, mit einem Ball zu kicken, ist leicht und lustig. Anfang des 20. Jahrhunderts gründen junge Leute Vereine in den verschiedenen Stadtvierteln von Buenos Aires: an den Docks River Plate (der später in die bürgerlichen Viertel im Norden der Stadt umziehen sollte) und Boca Junior, in Avellanade den Racing Club und Independiente und in Almagro San Lorenzo. Es gibt bereits mehrere Hundert Clubs, als Tottenham, Nottingham Forest und andere englische Mannschaften sich dem neugierigen Publikum präsentieren. Der Pöbel, die bessere Gesellschaft und der Landadel der *Pampa* drängen ins Stadion, und *La Nacion* beginnt mit der Berichterstattung über diesen mit einer bisher unbekannten Begeisterung ausgeübten Sport. Auch die politischen Eliten zeigen sich auf der Zuschauertribüne. 1904 wohnt Präsident Roca einem Spiel von Southampton bei. Eine nationale Liga wird gegründet. Sie wird von den lokalen britischen Mannschaften dominiert, die arrogant und herablassend auftreten. Großbritannien beherrscht die Welt, Großbritannien hat das Spiel erfunden.

## *Nueva* Argentina

Die *Pampa* und der *Gaucho*. Als die Republik Argentinien 1910 ihre Hundertjahrfeier begeht, hält sie noch immer ihre Gründungsmythen in Ehren: den grünen Ozean der fruchtbaren Ebenen im Süden und Westen, von einigen wenigen Reitern durchquert, Milizsoldaten, Pastoren und Nomaden, schroffe, einsame Grenzgänger, wild und zivilisiert im Umgang mit den bald schon ausgelöschten indigenen Stämmen. Der *Gaucho* aus der *Pampa* findet seine Verkörperung in *Martin Fierro* von José Hernandez, dem nationalen Roman des vormodernen Argentiniens, weitläufig, gewaltsam und menschenleer – im Jahr 1850 zählte das Land nicht einmal eine Million Einwohner.

Doch zu Beginn des 20. Jahrhunderts gehört der dem Schriftsteller Leopoldo Lugones zufolge »authentischste Akteur in der Geschichte des Landes« bereits der Nachwelt an. Die widerspenstigen Vorfahren haben sich in Viehhirten verwandelt, und wenn sie noch immer Mate trinken, breitkrempige Hüte und Pumphosen tragen, funkelnde Stiefel und an Festtagen ein Halstuch, dann nur aus Nostalgie und Romantik. Die Menschen wollen Folklore, so wie Rudolph Valentino in *Die vier Reiter der Apokalypse* als Gaucho. Borges preist jene »Mischlinge«, die »den Weg der Sterne lernten, die Gebräuche der Luft und des Vogels, die Prophezeiungen der südlichen Wolken oder des umrandeten Mondes«.

Doch das Argentinien der Hirten gibt es nicht mehr. Die Einführung des allgemeinen Wahlrechts für Männer im Jahr 1912 bedroht die Herrschaft der konservativen ländlichen Eliten, die Aristokratie der *estancias*. Das Land wird industrieller und urbaner, Millionen von Europäern treffen ein, und Buenos Aires, lange eine provinzielle Hauptstadt mit niedrigen Häusern, wächst von Tag zu Tag. Die Migranten verstreuen sich über die weitverzweigte, unberechenbare Stadt – das Gefühl der Ebenheit, der weite Himmel, so anders beides als in den Dörfern Kalabriens oder Kampaniens, im nördlichen Spanien, in den Schtetln Polens und Russlands. Allein am anderen Ende der Welt, entdecken sie die Anonymität der Werkstätten und Fabriken, die Entfremdung, die Atomisierung der modernen Gesellschaften. Am Samstag oder Sonntag aber haben sie einen Treffpunkt, das Epizentrum ihres Viertels (mit Kirche und Synagoge) oder den Fußballverein. Für Neuankömmlinge ein verbindendes Element, ein Ritual, der Club hat Gegner, Abzeichen und Farben zu bieten: eine kollektive Identität an der Schwelle zum zweiten Leben. Die Mannschaft des *barrio* erleichtert den Migranten das Einleben, und der Fußball sichert sich einen zentralen Platz in der neuen urbanen und proletarischen Kultur von Buenos Aires wie auf dem Gemälde *Quiosco de Canaletas*: Rafael Barradas stellt hier eine Straßenszene aus dem Jahr 1918 dar, mit Cafés, eiligen Passanten und einem großen Plakat, das für den darauffolgenden Sonntag ein Fußballspiel ankündigt.

Ganz Argentinien will neu erfunden werden. Am Vorabend des Ersten Weltkriegs besteht die Bevölkerung dieses lateinamerikanischen Australiens zu drei Vierteln aus Nachkommen der ein oder zwei Generationen zuvor eingetroffenen Migranten. Das Land sucht einen Nachfolger für den altmodischen Gaucho, einen modernen, zugänglichen Helden, der die vor sich gehenden Veränderungen widerspiegelt, die Arbeiterkultur, die umtriebige und kosmopolitische Metropole der Fotografien von Horacio Coppola und Greta Stern, und den Fortschrittsglauben, den Optimismus der Epoche: Dieser Held ist der Fußballer.

## Mythologien

Eine Sportzeitschrift wirbt ihrerseits für die nationale Mythologie, die argentinischen Männlichkeitsideale jener neuen Zeit. *El Grafico*, 1919 gegründet, erfindet einen neuen Sportjournalismus und berichtet über den Fußball und seine Akteure so wie die Kritiker über Malerei, Literatur und Kunst. Ihr Herausgeber, der Uruguayer Lorenzo Borocoto, theoretisiert den *futebol rioplatense* (abgeleitet von Rio de la Plata) in einer Zeit, als sich Argentinien und Uruguay als wichtige Wirtschaftsmächte behaupten und das vom Krieg geschwächte Großbritannien nicht mehr für Fortschritt und Liberalismus, sondern für Unterwerfung steht. Seitdem der Racing Club 1913 ohne einen einzigen britischen Spieler die Meisterschaft gewonnen hat, haben die kreolischen Fußballer gegenüber ihren früheren Lehrmeistern keine Komplexe mehr. Sie stehen im Begriff, die Wissenschaft des Spiels zu reformieren wie kein anderes Volk vor ihnen. Während die Engländer – laut Borocoto »eine Maschine« – ebenso methodisch wie eintönig spielen und jeden Alleingang im Namen des Kollektivs unterdrücken, kultivieren die wendigen, leidenschaftlichen Spieler des Rio de La Plata einen subtilen, leidenschaftlichen Fußball mit einer langen, typisch lateinamerikanischen Vorarbeit im Mittelfeld.

Die individuelle Kreativität und die Lust am fintenreichen Spiel triumphieren über Disziplin, gutes Benehmen und Ernsthaftigkeit. Kurze Spielzüge, flache Bälle, Ballbesitz, Duelle: Der Fußball ist ein Sport, der in England geboren, aber in Argentinien erfunden wurde, schreibt *El Grafico*. Er hat Stil, Werte, Temperament. Die Zeitschrift nationalisiert den Sport und prägt ein neues Argentinienbild, mit dem sich die Einwanderer identifizieren können.

Die zwanziger Jahre in Buenos Aires waren glanzvoll. Noch nie hatten die Porteños ein solches Selbstbewusstsein, ein solches Vertrauen in die Zukunft ihrer Nation gehabt. Borges erinnert sich: »Unsere Geschichte war bis dato eine dramatische Geschichte gewesen, eine Geschichte siegreicher Kriege, eine oft glorreiche und harte Geschichte. Und doch waren wir bis dahin fast unsichtbar in den Augen der Welt.« Argentinien war einst eine arme und isolierte Kolonie des spanischen Imperiums. Seinen kürzlichen Wohlstand verdankte es dem Export von Getreide und tiefgekühltem Fleisch – oder sagen wir es so: Es war noch nie sonderlich glamourös gewesen. Doch in diesem aufregenden Jahrzehnt revolutionierte eine in den Kneipen und Bordellen der zwielichtigen Viertel von Buenos Aires entstandene Musik, ein sehnsuchtsvoller Gesang das Bild Argentiniens im Ausland. Der zunächst in Paris gefeierte Tango sollte das Land und seine Hauptstadt in den Köpfen der ganzen Menschheit lebendig werden lassen. Es gab eine für Buenos Aires typische Art zu tanzen und Fußball zu spielen, die überall auf der Welt Anerkennung fand. 1924 bekommt das Brio des *futebol rioplatense* bei den

Olympischen Spielen eine internationale Bühne. Presse und Zuschauer bejubeln das schöne Spiel und die Technik der uruguayischen Mannschaft, die die Goldmedaille gewinnt. Die wutentbrannten Argentinier glänzen durch Abwesenheit, sind aber überzeugt, besser als die Uruguayer zu sein, die sie bereits mehrfach geschlagen haben. Doch vier bzw. sechs Jahre später besiegt der »kleine« Nachbar die Argentinier im Finale der Olympischen Spiele in Amsterdam sowie bei der ersten Weltmeisterschaft. Dennoch sorgen die einfallsreichen und hinreißenden, in ihrer Art einmaligen Stürmer der argentinischen Mannschaft für Aufsehen, wechseln teilweise schon damals nach Italien.

Fußball und Tango. Der typische junge Mann im Buenos Aires der zwanziger Jahre besticht mit zurückgekämmtem Haar, schmalem Schnurrbart und hoheitsvollem Gang. Spieler und Tänzer bewegen sich schlangengleich durch enge Räume, ob im Strafraum oder in den *milongas* der Vorstädte. Tempo: Sie wechseln Rhythmus und Richtung, eine Zäsur (*corte*), der Ball wird umschmeichelt, die Frau umfangen, »zwei Lianen einer Kletterpflanze« (Borges) begleiten den mit Pomade frisierten Künstler. *El toque*: Er liebkost den Ball wie er Gitarre spielt, zart und leidenschaftlich. Carlos Gardel stattet den Spielern der Nationalmannschaft am Vorabend des ersten WM-Finales in Montevideo einen Besuch ab. Der Fußball ist der kollektive Sport des kreolischen Volks, der Tango seine Musik. Die Fußballer sind die Botschafter eines modernen, optimistischen Landes. Argentinien erfindet sich neu – ja, Argentinien existiert.

## *El pibe*

Buenos Aires wächst, chaotisch und wirr. Zwischen den neuen Gebäuden Unkraut und Brachflächen, auf denen Kinder aus dem *barrio* mit einer Orange, einem Knäuel Socken, einem notdürftig zurechtgebastelten Ball kicken. Auf diesen holprigen, überfüllten und oft beengten Flächen ziehen sich nur die besten Dribbler aus der Affäre. Wendig und leicht improvisieren sie, schlängeln sich trickreich durch, Geschicklichkeit und Charme zählen mehr als Körperkraft, auf dem Fußballplatz ebenso wie in den zwielichtigen Ecken der Metropole: Aus den Spiel- werden Überlebensregeln. *El pibe* ist ein durchtriebener, individualistischer Bursche mit einem unberechenbaren, kreolischen Spielstil und einem Faible für das Dribbling, das die Argentinier *gambeta* nennen. Sein Reich ist der *potrero*, das unbebaute Gelände, ursprünglich ein Randgebiet, eine Parzelle auf den Ländereien der *pampa*, wo die *gauchos* ungehindert galoppieren konnten. Der *pibe* ist ein städtischer *Gaucho*, behaupten die Redakteure von *El Grafico*. Auch er ist aufsässig, gegen jede Autorität immun; noch als Erwachsener schalkhaft, aufbrausend und verantwortungslos, ein Strolch, dem auf dem Spielfeld wie im Leben seine Streiche verziehen werden. Auf die *potreros* kommen weder Erzieher noch Schiedsrichter (und keine Frauen). Hier wird ein ungezähmter Fußball gespielt, hier entsteht die Legende von der Freiheit des argentinischen Fußballs, eine spielerische und instinktive Philosophie des Lebens, etwas Außergewöhnliches, ein Existenzialismus *made in potrero*. *El pibe* ist dessen mythische Figur, der Erfinder der argentinischen Spielkultur. Borotoco will ihm zu Ehren eine Statue errichten: klein, mit halb zerrissener Hose, ein verschmitztes, schelmisches Lächeln auf den Lippen. Ein schwarzer Wuschelkopf und flinke Augen, die wie ein Leuchtturm in sämtliche Richtungen Signale aussenden.

## Die Maschine

Mit ihren abblätternden Farben, den morschen Holzsitzen und ihrer modernistischen Betonarmierung erzählen die Stadien in Buenos Aires vom Fußball vergangener Zeiten. Während er durch die Reihen schlendert, imaginiert der Besucher die jubelnde Menge der dreißiger und vierziger Jahre, der Ära des *gambeta*: Jonathan Wilson, der Autor eines Standardwerks zum Thema, nennt es das goldene Zeitalter des argentinischen Fußballs. Wie in ganz Lateinamerika wird dabei ein lebendiger, technischer und offensiver Spielstil praktiziert, bei dem Ästhetik und Emotionen wichtiger sind als Abwehrarbeit und Ergebnisse. L'art pour l'art: Die Spieler haben Zeit, sich mit dem Ball zu amüsieren, noch ist der Fußball ein gelassener, gemächlicher Sport. Während Europa in den Krieg zieht, kultivieren die *pibe* von Buenos Aires ihre Ausweichmanöver, trickreiche Kunststücke und das schöne Spiel. Die Ästheten bleiben im Land, jetzt wo es eine Profiliga gibt, und ganz Argentinien bebt beim Staccato, im Rhythmus der überschwänglichen Emphase von Fioravanti, dem ersten Starkommentator. Das Radio zieht sich flächendeckend von Feuerland zum Paraná-Delta, bis zum andinischen Altiplano. Die Meisterschaft lockt zahlreiche Zuschauer an, die atemlos die Rivalitäten zwischen den Stadtvierteln, die sprühenden Offensiven mitverfolgen. Mit der Straßenbahn, der Metro oder im Bus reisen sie ihrer Mannschaft nach, manchmal nur ein paar Häuserblocks weiter als ihr Heimstadion. In dieser Epoche der wirtschaftlichen Depression und der Staatsstreiche okkupiert der Fußball sämtliche Köpfe und Unterhaltungen, lässt die Massen die bedrohliche Arbeitslosigkeit und die Routine der Fabriken vergessen. Das Opium des Volks: Die Führungsschicht der Década Infame zeigt sich auf der Zuschauertribüne und fördert die Zerstreuung, indem sie den Vereinen zinsgünstige Darlehen für den Bau moderner Stadien gewährt. El Monumental von River Plate und La Bombonera von Boca entstehen in den späten dreißiger Jahren.

Der pfiffige, schwungvolle Fußball der damaligen Zeit zieht Dilettanten und Freibeuter an. Der Interessanteste von ihnen heißt Imre Hirschl, ein ungarischer Jude mit einer geheimnisumwobenen Vergangenheit, über den die verschiedensten Legenden in Umlauf sind. Er soll Metzger in Budapest gewesen sein, Profispieler in Wien, Paris, New York, vielleicht auch in der Tschechoslowakei, hat als Sprössling einer reichen Familie während des Ersten Weltkriegs angeblich in Palästina gelebt. Niemand weiß, was er vor seiner Zeit in Lateinamerika, wohin ihn angeblich die Begegnung mit einem steinreichen Industriellen, einem italienisch-brasilianischen Grafen, verschlagen hat, tatsächlich getrieben hat. Ferner heißt es, er sei als Masseur eines jüdischen Wiener Vereins auf einer Südamerikatournee nach Argentinien gekommen und nach der Heimreise der Österreicher mit dem unstatthaften Titel eines Assistenztrainers schlichtweg geblieben. Doch im Grunde tut seine Vergangenheit wenig zur Sache. Argentinien ist ein Land, in dem sich alle neu erfinden dürfen, und Hirschl nutzt die Gelegenheit, um den Fußball zu revolutionieren. Zunächst als Coach der bescheidenen Elf Gimnasia la Plata, die er in eine starke Mannschaft mit dem Spitznamen »El Expresso« verwandelt, dann als Trainer von River Plate, dem er eine wohl in den Wiener und Budapester Kaffeehäusern aufgeschnappte Spielkultur und taktische Disziplin beibringt: In den zwanziger Jahren dominiert der Donaufußball auf dem alten Kontinent. Hirschl animiert die dribbelnden *pibe* zu mehr Gemeinschaftsgeist und zu Doppelpässen, er stellt einen Mittelfeldspieler vor die Abwehr, der das Tempo vorgibt und die Offensiven ankurbelt – den *caudillo* aller großen argentinischen Mannschaften. Der Trainer verlässt den Verein 1938, jedoch nicht, ohne die Grundlagen für die beste Mannschaft in der Geschichte des argentinischen Fußballs gelegt zu haben: Im darauffolgenden Jahrzehnt wurde River Plate nur noch die Maschine, *la máquina*, genannt.

An seiner Spitze ein Quintett aus Ballkünstlern: die fünf Stürmer Juan Carlos Muñoz, José M. Moreno, Adolfo Pedernera (der Göttliche), Félix Lousteau (der Ventilator) und Ángel Labruna (der Hässliche). Die Maschine attackiert auf Biegen und Brechen, die fünf Wunderknaben tricksen, wirbeln umher und wechseln die Stellung auf der Suche nach der besten Kombination, dem entscheidenden Pass oder einem freistehenden Mannschaftskameraden. Die fünf sind auch privat unzertrennlich. Sie mögen starken Alkohol, Frauen und Nachtclubs, der Tango, so erklären Muñoz und Moreno, sei das beste Training überhaupt. Nichts geht über eine *Nouba*-Nacht in den *milongas* von Boedo oder den zwielichtigen Clubs von Almagro, um Muskeln an den Oberschenkeln anzusetzen und seinen Anlauf zu verbessern. Muñoz war nicht zu bändigen: Er verdrückte vor den Spielen Hühnerfrikassee mit Rotwein. Das Vereinsmanagement forderte ihn auf, nachts zu schlafen und künftig nur noch Milch zu trinken. In der darauffolgenden Woche lieferte er das schlechteste Spiel seiner Karriere ab. Der Club sperrte ihn, nachdem er zu seiner üblichen Ernährung zurückgekehrt war, seine Mannschaftskameraden indes streikten zum Beweis ihrer Solidarität. Muñoz starb mit über neunzig Jahren im Jahr 2009.

Die Maschine erhebt zur Kunst, was die Argentinier *nuestra* nennen: einen Spielstil, eine ihnen eigene Lebenskunst, eine von brillanten Solisten ausgeführte kollektive Symphonie; den Spiegel eines idealen, wettbewerbsfähigen und aufgeweckten Argentiniens, eine magische Gleichung, ein Trugbild. Argentiniens romantischer Fußball ist angeblich der beste der Welt.

## Perón

Juan Domingo Perón mag keinen Fußball. Eher die Jagd, das Fechten, die Heldentaten von Juan Manuel Fangio am Steuer seiner Rennwagen und Boxkämpfe. Doch Perón weiß, dass der Fußball das Prestige junger Nationen stärkt und von den Massen, die ihn zum Präsidenten gewählt haben, heiß geliebt wird. In den Parks der bürgerlichen Wohnviertel und auf den Brachflächen der benachteiligten *barrios* wird Ball gespielt, das Kino produziert Fußballgeschichten, Tangos (*El sueno del pibe*, *La Maquinita*) trällern vom Leben der Spieler, und die Verehrung der Fans (Lieder, Rauchgranaten, Trommeln) kennt kein Halten. Die Siege der Nationalmannschaft bei der Copa America (1937, 1941 und 1945) sind im ganzen Land gefeiert worden. Und so beschließt Perón, sich den Zugriff auf den Fußball zu sichern wie auf alle anderen Industriezweige.

Sport stärkt die Seele und trainiert den Körper. Er bietet den Massen intensive Gemeinschaftserlebnisse, er versammelt Kinder von Einwanderern, Proletarier, einfache Angestellte und Beamte, die den Körper der Nation bilden. Perón, ein Bewunderer Mussolinis, bezeichnet sich selbst als obersten Sportler des Landes und unterstellt den Fußball der staatlichen Kontrolle. In den Stadien wird vor den Begegnungen der peronistische Marsch gespielt. Perón platziert seine Leute im Nationalverband und als Schirmherren in den Vereinen. Er verteilt die Pfründe, die neuen Stadien von Huracán, Velez und Racing werden mit öffentlichen Geldern gebaut. Racing ist der Lieblingsverein der Peronisten: 1950 weiht *El Lider* höchstpersönlich dessen neue Spielstätte ein, die seinen Namen trägt. Es wird ein neuer Wettbewerb ins Leben gerufen, die Copa Evita, die allen Kindern Argentiniens offensteht. Wenn sie bei der Stiftung der First Lady vorstellig werden, bekommen sie eine Ausrüstung und eine kostenlose medizinische Untersuchung.

Das peronistische Argentinien träumt von Ruhm, von nationaler Unabhängigkeit und Autarkie. Entsprechend soll sich die beste Mannschaft der Welt (Argentinien entscheidet 1946 und 1947 wieder die Copa America für sich) künftig aus internationalen Wettkämpfen zurückziehen: Perón weigert sich, die Nationalmannschaft beim nächsten südamerikanischen Kräftemessen und bei der Weltmeisterschaft in Brasilien antreten zu lassen. Argentinien lässt sich von der FIFA keine Vorschriften machen und blickt verächtlich auf seinen großen Nachbarn, es provoziert in seiner Rolle als peronistischer Angeber, mit seiner Mystik des Stinkefingers. Es will den Mächtigen die Stirn bieten und hält mit seiner Weigerung, sich entgegenkommend zu zeigen, seinen Gründungsmythen die Treue: der Einsamkeit des *Gaucho* und dem Individualismus des *pibe*.

In Wahrheit ist Perón jedoch weniger selbstbewusst, als es scheint. Der Fußball ist keine exakte Wissenschaft. Argentinien ist der Sieg keineswegs gewiss, und sein Präsident fürchtet eine Demütigung, die politischen Auswirkungen einer Niederlage, den angeknacksten Ruf seines Landes. Brasilien leidet noch immer unter dem Trauma seiner Schlappe gegen Uruguay im Finale der WM im Maracanã. Perón will nicht das Risiko eingehen, die Legende der überlegenen Nationalmannschaft bei einer internationalen Konfrontation ramponiert zu sehen: 1953 boykottiert Argentinien die Copa America, im darauffolgenden Jahr auch die Weltmeisterschaft in der Schweiz.

Diese *splendid isolation* erklärt, weshalb wir die großen argentinischen Spieler dieser Zeit nicht kennen: Der Kondor, General Juan Domingo Perón, hielt sie im eigenen Land unter Verschluss.

## Das Debakel

Nachdem Perón von den Militärs gestürzt worden ist, integriert sich Argentinien wieder in den internationalen Fußballzirkus und bezaubert endlich Südamerika. 1957 dominiert die Auswahl die in Peru stattfindende Copa America. Von dem gefürchteten Stürmertrio Humberto Maschio, Omar Sivori und Antonio Angelillo mitgerissen, auch bekannt als *Die Engel mit den schmutzigen Gesichtern*, entfalten die Blau-Weißen ein flüssiges, glanzvolles Spiel im Einklang mit den nationalen Traditionen – kurze Pässe, Dribblings und flache Bälle, die Apotheose der *nuestra*.

Mit ihrer Vorstellung in Peru avanciert die argentinische Mannschaft zum Favoriten für die bevorstehende Weltmeisterschaft in Schweden, ihre erste seit vierundzwanzig Jahren, und weckt Begehrlichkeiten bei den italienischen Clubs: Die Engel mit den schmutzigen Gesichtern werden vom *Calcio* angeworben. Maschio, Sivori und Angelillo müssen den Preis für ihr Abtrünnigwerden zahlen und werden nie mehr in der Nationalmannschaft aufgestellt. Der Fußballverband hält sie nicht für unersetzlich und meint über genügend andere Talente zu verfügen. Auch ohne ihre besten Stürmer trifft die Mannschaft unverändert selbstbewusst in Skandinavien ein. Im Gegensatz zu den Brasilianern, die sich gewissenhaft vorbereiten – das weibliche Personal des Mannschaftshotels ist eigens abgeordert worden, damit sich Garrincha und seine Teamkollegen ganz auf den Wettbewerb konzentrieren können –, trainieren die Argentinier nur halbherzig und wissen kaum etwas über ihre Gegner. Nach einer ersten Niederlage gegen die Bundesrepublik Deutschland, den amtierenden Weltmeister, gewinnen sie gegen Nordirland und müssen sich in Helsingborg gegen die Tschechoslowakei qualifizieren: Sie werden mit 6:1 vom Platz gefegt. Die Argentinier, nach den Worten eines nordirischen Gegners »klein, dickbäuchig und von den hübschen Blondinen auf den Tribünen gefesselt«, sind nicht in der Lage, mit dem Tempo und dem Einsatz der Europäer mitzuhalten. Das Debakel von Helsingborg läutet das Ende des Bohème-Fußballs ein. Die *nuestra*, jener sorglose, katzenhafte und träge Tanz, war ein Trugbild, die peronistische Isolation ein Irrweg.

## *Antifútbol*

Die schwedische Demütigung und der spektakuläre Sieg Brasiliens sorgen für großen Aufruhr in Argentinien. Neben dem sportlichen Scheitern wird auch ein Vorbild demontiert, nachdem der argentinische Fußball seit dem späten 19. Jahrhundert als Spiegel der Gesellschaft fungiert hatte. Es ist Zeit, dieses Vorbild zu hinterfragen, und es ist Zeit – für die Nation und für den Fußball –, wie im liberalen und sozialistischen Europa nach technokratischen Regeln und einer wissenschaftlichen Planung den Schritt in die Modernität zu wagen. Argentinien muss seine Spielkultur überdenken und sich von Brasilien abheben, das mit einer Generation ungewöhnlich talentierter Spieler aufwarten kann. Disziplin, Ausdauer, Zusammenhalt – die argentinischen Grillen müssen lernen zu gewinnen, mit allen Mitteln. Auf die Mystik der Lust folgt die Doktrin des Ergebnisses.

In den Vereinen und in der Nationalmannschaft ändert sich alles. Man bildet kräftige, willensstarke Spieler aus, die zu jedem Opfer bereit sind, Soldaten mit einer beispielhaften Lebensweise. Die Trainer sind unnachgiebig, mit den nächtlichen Eskapaden der Latin Lovers ist es ein für alle Mal vorbei. Das Kollektiv, die Demut triumphieren über die Verstöße des *pibe*, dessen Spiel perfektioniert werden will. Pragmatik und Organisation haben Vorrang, und die Abwehr – wie bei Helenio Herreras Verein Inter Mailand, der mit seinem Riegel (*catenaccio*) aus vier Verteidigern zuzüglich eines Liberos die gegnerischen Offensiven abwimmelt.

Ende der sechziger Jahre sollte ein bisher unauffälliger Club die neue Spielkultur zu ihrem Höhepunkt führen. Unter der Leitung von Osvaldo Zubeldia, einem jungen, gewissenhaften Trainer, der, fasziniert von den Methoden der Ostblockmannschaften, so schnell nicht lockerlässt, gewinnt das rot-weiße Team Estudiantes de La Plata aus der Provinz Buenos Aires dreimal hintereinander die Copa Libertadores – ein beispielloser Erfolg.

Noch nie hat sich eine argentinische Mannschaft so abgerackert wie Estudiantes unter dem Kommando von Oberfeldwebel Zubeldia. Im Morgengrauen nimmt er seine Spieler zum Bahnhof Retiro mit, um ihnen die Realität all der anonymen Arbeiter zu zeigen. Unermüdlich lässt er sie die gleichen Übungen absolvieren: systematische Manndeckung, Standardsituationen, manchmal Abseitsfallen unter der Aufsicht pensionierter Schiedsrichter. Die unterschiedlichen Spielphasen werden analysiert und auseinandergenommen, sodass der Gegner nicht mit Überraschungen punkten kann. Der schüchterne Zubeldia bringt seinen Jungs bei, taktische Fehler zu begehen und die Gegner gegebenenfalls hart ranzunehmen. Besonders gut darin ist sein Starverteidiger, der (Schlachter) Ramón Aguirre Suárez, der als gewalttätigster Spieler in der Geschichte der argentinischen Liga bekannt ist – für einen Schlag ins Gesicht eines Inter-Spielers muss er dreißig Tage ins Gefängnis. Estudiantes stürmt auf den Rasen wie ein bewaffnetes Kommando in den Krieg.

Alles ist erlaubt, um den Gegner einzuschüchtern und aus dem Konzept zu bringen. Zubeldia und seine Anhänger lassen die *compadres* wieder auferstehen, »die Sekte von Messer und Blut« (Borges), die im späten 19. Jahrhundert durch die Elendsviertel von Buenos Aires spukte. Nach und nach treiben sie die gegnerische Mannschaft auf ein unwirtliches Terrain, indem sie in einer Geheimsprache und mit kryptischen Zeichen kommunizieren. Psychologische Kriegsführung, Destabilisierung: Um mit ihren Verbalattacken die Wut (und den Platzverweis) ihrer Rivalen zu bewirken, haben sie sich vor der Begegnung über deren Privatleben und ihre jüngsten Demütigungen schlaugemacht. Oscar Bilardo ist Zubeldias Helfershelfer. Der hinterhältige Mittelfeldspieler und gelernte Gynäkologe holt bei seinen Kollegen Informationen über die Krankenakten seiner Gegner ein. In seinem Buch berichtet Jonathan Wilson, dass er den Rauswurf eines Racing-Spielers provozierte, nachdem er sich über eine heikel gelegene Zyste seiner Frau lustig gemacht und dafür einen Fußtritt in den Bauch einkassiert hatte. Ein Spieler von Independiente, der auf einer Jagdpartie versehentlich einen Freund getötet hatte, wird während der Begegnung von den Rot-Weißen als Mörder tituliert. Bei der Manndeckung stechen Bilardo und Co. angeblich mit Nadeln auf die gegnerischen Stürmer ein. Der künftige argentinische Nationaltrainer hat dieses Gerücht nie entkräftet.

Zynismus und Anti-Fußball. Dessen Brutalität spiegelt das damalige autoritäre und gewalttätige Argentinien wider. Das Land hat Mühe, sich von der Herrschaft Peróns zu erholen, der von den einen vergöttert, von den anderen, die ihm vorwerfen, Argentinien ruiniert und lächerlich gemacht zu haben, verabscheut wird – eine niederträchtige Komödie. Zivil- und Militärregierungen wechseln einander ab, die Preise schnellen in die Höhe, die Inflation erhitzt die Gemüter, und die gesellschaftlichen Konflikte häufen sich: Die Versprechen von einem reichen *Eldorado* sind nicht eingehalten worden. 1972 begibt sich der Schriftsteller V. S. Naipaul für eine Reihe von Artikeln nach Argentinien. Es herrscht Chaos, das Land ist in Aufruhr. »Über die Mauern ziehen sich überall blutige Slogans; die Guerilleros treiben auf offener Straße ihr Unwesen; der Peso stürzt ab; Buenos Aires lebt im Hass«, schreibt er über das Gesehene. Auf die Attentate und Polizistenmorde antwortet die Polizei mit Terror. »Auch sie kidnappen und morden, wenden, mit einer Vorliebe für die Geschlechtsteile, Foltermethoden an.« In den Tageszeitungen entdeckt Naipaul die neue Rubrik »Guerrillerismo«, eine Berichterstattung über die Terroranschläge vom Vortag. Peróns Rückkehr an die Macht im darauffolgenden Jahr ändert nichts. Unter dem Einfluss von Lopez Vega – ein den rechtsextremen Paramilitärs nahestehender Astrologe (und Impresario) – und seiner neuen Frau Isabelita, einer in Panama verführten Nachtclub-Tänzerin, entpuppt sich der alte Präsident als »unfähig, die von ihm selbst unterminierte Gesellschaft umzugestalten«. Anlässlich eines neuerlichen

Aufenthalts in Argentinien notiert der Schriftsteller, dass die Verzweiflung hörbar sei, dass die Argentinier von Rache und Vernichtung träumen: »Man kämpft nicht mehr für eine Sache, man hat nur noch Feinde: Nur die Feinde sind real.«

Die Gesellschaft fällt auseinander, »das Land erwartet eine neue Ära des Schreckens«.

## Café Saint Moritz

Der Zeitung entnehme ich, dass Carlos Menotti jeden Tag im Saint Moritz zu Mittag isst. Menotti, der Trainer der argentinischen Nationalmannschaft, die im eigenen Land Weltmeister geworden ist – eine Legende. Die elegante Silhouette von *el flanco* (»der Dürre«) schlenderte mit der Zigarette im Mundwinkel an der Seitenlinie auf und ab, als käme er mit seiner Schlaghose aus Flanell, seinem taillierten Blazer und dem offenen Dackelohrkragen, der den Blick auf eine Brust voller Goldkettchen freigab, gerade aus der Disco. 1978 schenkte der Playboy Argentinien den Weltmeistertitel, in der damaligen Situation – der Diktatur der Militärjunta, unter der 30 000 Menschen verschwanden und unzählige Übergriffe begangen wurden – ein wahrer Segen für das Land.

An jenem 13. November, es ist ein Mittwoch, gehe ich zum Café Saint Moritz, das sich an der Kreuzung Paraguay-Esmeralda befindet, ruhige Straßen mit Buchantiquariaten und Büroangestellten. Menotti, selbst ein bescheidener Spieler und zeitweise Autoverkäufer, hat dem ultra-defensiven Fußball Argentiniens der frühen siebziger Jahre wieder Glanz und Schneid verliehen. Fasziniert von Pelés Brasilien, das bei der Weltmeisterschaft in Mexiko Effizienz und Schönheit, Spaß und

Sieg zu vereinbaren wusste, beschließt der junge Trainer, seine Mannschaften wieder an die *nuestra*, die spielerische Tradition des argentinischen Fußballs, anknüpfen zu lassen. Zwei Jahre später steht er an der Spitze von Huracán, einem kleinen bonarensischen Verein. Kollektive Aktionen, Dribbling, offensives Spiel, *antiantifútbol* – der Dandy setzt seine guten Vorsätze um, und Huracán gewinnt zur allgemeinen Überraschung den Titel. Im Herbst 1974 wird Menotti zum Nationaltrainer ernannt, nachdem Argentinien bei der WM in der Bundesrepublik Deutschland eine herbe Schlappe gegen die holländische Elf um Johan Cruyff hatte einstecken müssen. Menotti bleiben vier Jahre, um sie auf die nächste Weltmeisterschaft vorzubereiten.

Die Zeitung hatte recht. Menotti sitzt auf einer der roten Kunstlederbänke und isst mit ein paar Freunden zu Mittag. Weißes Hemd und Jeans, das Haar noch immer eher lang, hat er sich für seine einundachtzig Jahre ausgesprochen gut gehalten, auch wenn sein Schädel ein bisschen kahler geworden ist. Er wirkt überrascht, dass ihn ein Ausländer anspricht. Ein wachhabender Polizist kommt herein und begrüßt den Maestro. Am nächsten Tag muss er nach Kolumbien reisen. Wir verabreden uns also für den darauffolgenden Montag zum Mittagessen.

Als ich am 18. November das Saint Moritz betrete, ist das Café fast menschenleer. In einer Ecke liest ein einsamer Mann eine Biographie von Juan Carlos Onetti, dem desillusionierten uruguayischen Schriftsteller. Heute sei doch Feiertag, wird mir von einem Kellner beschieden. Die Minuten verstreichen, bald ist es eine Stunde, vielleicht ist Menotti aufgehalten worden, ich warte und kaue (langsam) auf meinen Tagliatelle mit Tomatensoße, bis ich von einem Fernsehteam verscheucht werde, das im Café den Werbespot zum neuen Chevrolet drehen will.

Als ich am nächsten Tag im Taxi am Saint Moritz vorbeifahre, sehe ich Menotti mit seinen Freunden am Tisch sitzen. Da mich meine Verlegerin (seit einer guten Viertelstunde) zum Mittagessen erwartet, steige ich nicht aus. Eindeutig ein Fehler, denn als ich später wiederkomme, ist der Mann mit dem Vogelkopf bereits entschwunden.

Nach mehreren erfolglosen Versuchen und etlichen Steak-Sandwiches und Schnitzeln erwische ich Menotti schließlich am 25. November im Saint Moritz. Er hat keine Zeit zum Reden, aber, natürlich, fest versprochen, wir sehen uns am 3. Dezember. Seine Handynummer will er mir allerdings nicht geben.

Mir bleibt noch eine Woche, um an meinem Interview zu feilen. Bis zu Menottis Ernennung hatte die Nationalelf für den argentinischen Fußballverband keine Priorität. Er forderte nun eine umfassende Mobilisierung aller Instanzen, eine lange, sorgfältige Vorbereitung, Freundschaftsspiele und das Verbot von Auslandstransfers. Seinen Spielern erklärt er, dass Gewalt und Zynismus nur auf Angst schließen ließen. Gegen die Europäer verlangt Menotti Kreativität und Schnelligkeit, Offensiven und Stellungswechsel: Der argentinische Fußball muss sich den körperlichen Anforderungen seiner Zeit anpassen.

Am 24. März 1976 ergreift die Militärjunta unter

General Videla die Macht. Während sie jede Form der Opposition ausmerzt, erklärt sie die Organisation der Weltmeisterschaft zu ihrem vorrangigen Anliegen. Die Regierung will die Gelegenheit nutzen und zeigen, dass das neue Argentinien stabil ist und die Nationalelf für Ehre, Tapferkeit und Disziplin steht, die traditionellen argentinischen Männlichkeitsideale. Die Fußballer sollen auf dem Platz den von der Junta initiierten Neuanfang verkörpern. Am Vortag des Turniers empfängt Videla Spieler und Betreuer: »So wie ein Kommandant seine Truppen auf die Schlacht vorbereitet, sage ich euch: Ihr werdet als Sieger vom Platz gehen.«

In der Mannschaft sind Ausnahmespieler wie der Torwart Ubaldo Fillol, der Kapitän Daniel Passarella, Osvaldo Ardiles, Mario Kempes, El Matador oder René Houseman, der *pibe* von Huracán. Aber sie sind glücklos, immer wieder wird ihr Erfolg überschattet: Nur einen Steinwurf entfernt vom El Monumental, in dem gleich mehrere Begegnungen stattfinden, werden im Folterzentrum der Marineschule ESMA den politischen Gefangenen Hoden und Fingernägel abgerissen. Und dann das dubiose 6:0 gegen Peru, ein Match, das Argentinien mit einer Differenz von drei Toren gewinnen musste, wollte es ins Endspiel einziehen: Die Passivität und mangelnde Aggressivität der peruanischen Verteidiger muten in diesem Stadium des Turniers kurios an. Bevor seine Spieler im Finale auf Holland treffen, fordert Menotti sie auf, sich die Zuschauertribüne genau anzusehen – nicht die offizielle mit den Anführern der Junta, sondern die mit den einfachen Leuten, auf der sich Taxifahrer, Metzger und Industriearbeiter drängen, »eure Brüder und Väter«.

An jenem Dienstag, dem 3. Dezember, regnet es in Buenos Aires, aber ich freue mich auf mein Gespräch mit Menotti, und da er angeblich gern liest, stecke ich mein letztes, ins Spanische übersetzte Buch in die Tasche, um es ihm zu schenken. Als ich die Tür zum Saint Moritz aufmache, herrscht ein reges Treiben im Café, nur *el flaco* ist nicht zu sehen. Er würde auch nicht mehr kommen, und ich musste am übernächsten Tag nach Frankreich zurückfliegen. Schade, ich hätte ihm so viele Fragen stellen wollen.

»Was haben Sie empfunden, Sie, der Sie nie einen Hehl aus Ihren Sympathien für den Kommunismus gemacht haben, als General Videla dem Kapitän Daniel Passarella den Pokal überreicht hat? War Ihnen bewusst, dass Sie der Diktatur damit ein unverhofftes Geschenk gemacht haben?«

»War das Spiel gegen Peru das Ergebnis einer Bestechung? Hat die argentinische Regierung vor der Begegnung wirklich tonnenweise Getreide und Waffen nach Peru transportiert und dem Land Staatsschulden in Millionenhöhe erlassen, wie manche Quellen behaupten?«

»Wie haben Sie und Ihre Spieler dem enormen Druck aus der Politik und dem Volk standhalten können? Wie trainiert man die Nationalmannschaft in einem Land, wo Entführungen und Folter an der Tagesordnung sind?«

Und beim Nachtisch hätte ich noch eine letzte Frage gewagt: »Weshalb haben Sie diesen Wunderknaben nicht aufgestellt, von dem ganz Argentinien schwärmte?«

Diego Armando Maradona.

## *El pibe de oro*

Der erste Teil seines Lebens gleicht einem Märchen. Aus Esquina gebürtig, einer kleinen Stadt an der Grenze zu Paraguay, wo sie in einer ärmlichen Hütte leben, suchen seine Eltern später in Buenos Aires ihr Glück. Sie ziehen nach Villa Fiorito, ein Elendsviertel mit ungepflasterten Straßen im Süden der Metropole, in eine Baracke aus Ziegelsteinen und Wellblech, mit verstopften Abflussrinnen, ohne Strom und fließendes Wasser. Tota, seine Mutter, die italienische Vorfahren hat, geht putzen, sein Vater, Don Diego, der von den Guarani abstammt, arbeitet in der Fabrik. Am 30. Oktober 1960 kommt ihr Sohn Diego Armando im Krankenhaus Evita-Perón im Stadtviertel Lanús auf die Welt. Als vierter Sprössling einer bald achtköpfigen Kinderschar. Seine Mutter tanzt, als sie die ersten Wehen spürt. Und die Legende will, dass schon der Säugling mit einem Fußtritt aus dem mütterlichen Bauch gekommen sei.

Als er drei ist, bekommt er von einem Onkel seinen ersten Ball geschenkt. Er lebt und schläft mit ihm, und schon mit sechs Jahren ist der schwarzgelockte Junge in der *villa miseria* eine Berühmtheit. Auf seinen *podreros* dribbelt Diegito mit allem, was ihm vor die Füße kommt, Kinder, Hunde, Mülltonnen, er kann mit einer

Orange jonglieren und wie eine Robbe den Ball auf dem Kopf balancieren. Als er acht Jahre alt ist, begleiten Tota und Diego ihn zu seinem ersten Training bei den Cebollitas (»kleine Zwiebeln«), der Kinderklasse der Argentinos Junior. Er ist so imponierend, dass sein Trainer den unförmigen Jungen mit dem gedrungenen Körper und großen Kopf für einen kleinwüchsigen Teenager hält. Im Alter von neun produziert sich der Jungstar der Cebollitas in den Halbzeitpausen der Argentinos-Spiele in jenem Stadion, das eines Tages seinen Namen tragen wird. In der Pause einer Begegnung mit Boca skandiert das Publikum seinen Namen: Er soll auf dem Rasen bleiben und die Erwachsenen unterstützen. *Clarin* widmet dem zehnjährigen Diego einen Artikel, und der kleine Akrobat bekommt seinen ersten Auftritt im Fernsehen. Er erklärt, er wolle argentinischer Meister werden, und Weltmeister.

Das Gerücht verbreitet sich von der Kordillere bis nach Patagonien: *El pibe*, dem Borocoto in den zwanziger Jahren eine Statue hatte errichten wollen, der geniale, schalkhafte Dribbler, auf den Argentinien seit Ewigkeiten wartet, ist endlich auf die Erde gekommen. Schwarzes, wirres Haar, kluge Augen, schmuddeliges Gesicht – er gleicht Punkt für Punkt der Phantasiefigur des Sportschriftstellers. Aus dem Phänomen Diegito wird *el pibe de oro*, der Bengel mit den Goldfüßen, ein Mozart und Michael Jackson des argentinischen Fußballs. Ein strahlendes Mondlicht in einem Land, das in der Nacht des Bürgerkriegs und des staatlichen Terrors versinkt.

Das Wunderkind setzt seinen unaufhaltsamen Aufstieg fort. Mit fünfzehn bestreitet Diego sein erstes Meisterschaftsspiel, als jüngster Fußballer in der Geschichte der argentinischen Liga. Nach nur elf Spielen wird er für die Nationalmannschaft nominiert. Nachdem er nicht für die WM aufgestellt worden ist – Menotti hält ihn noch nicht für reif –, gewinnt er 1979, mit achtzehn Jahren, die Junioren-Weltmeisterschaft in Japan, wo ihm hysterische Fans Autogramme und einzelne Haarsträhnen entreißen. Der große Pelé rühmt seine Begabung. Mit nicht einmal zwanzig ist Maradona ein Weltstar und eine Werbeikone, das fröhliche Gesicht von Puma, Coca-Cola und Agfa. Er lächelt aus Puppengesichtern, auf Zahnpastatuben und wirbt für Heimtrainer.

Man sollte sich Videos des jungen Maradona bei den Argentinos und später bei den Boca Juniors[12] anschauen, seinem Kultverein, mit dem er unmittelbar zum Idol in La Bombonera avanciert. Aufrechter Oberköper, erhobener Kopf, eine atemberaubende Ballführung, als wäre der Ball mit dem Fuß verwachsen. Er braucht gar nicht hinzuschauen, um mit ihm machen zu können, was er will: eine Finte, ein Übersteiger, der Ball ist eine Erweiterung seines Körpers, dessen Verlängerung. Wenn seine kompakten Oberschenkel in den knappen blauen Shorts mit den glänzenden gelben Seitenstreifen beschleunigen, können die Verteidiger ihrem Rhythmus unmöglich folgen, sie sind einfach zu schnell, als wären sie mit einem Elektromotor ausgestattet. Maradona durchstößt die Abwehr mit atemberaubendem Tempo, die schwarze Mähne im Wind, in einem prekären, faszinierenden Gleichgewicht. Spielintelligenz, *vista*, Seitenhiebe, der Junge kann einfach alles, seine Geschicklichkeit vor dem Tor des Gegners ist geradezu diabolisch, er ist der geborene Leader, ein charismatischer Spielmacher, das Kraftzentrum aller Mannschaften, bei denen er unter Vertrag ist. Aber auch ein Rotzbengel, jähzornig und dünnhäutig, ein (sehr) schlechter Verlierer.

Argentinien hat an seinem Virtuosen einen Narren gefressen. Geliebt, belauert und manchmal beneidet, erstickt Maradona im eigenen Land. Man verlangt von ihm immer mehr Spiele, mehr Werbungen, mehr Auftritte und Sonnenbrillen und Patenschaften und Häuser. Er ist die neue Evita, ein Wundertäter, Hoffnung und Zerstreuung der Arbeiterklasse. Die Wirtschaft ist ausgeblutet, der kränkelnden Diktatur ist die Puste ausgegangen.

*El pibe de oro* ist inzwischen zu teuer für die Argentinos Juniors, denen er noch immer angehört, zu teuer für Boca und für Argentinien. Im Sommer 1982 wechselt er nach Barcelona.

# Borges

In der Erzählung *Esse est percipi* halten Borges und sein Freund Bioy Casares einen Fan zum Besten, der entdecken muss, dass das soeben im Radio verfolgte Spiel eine reine Erfindung ist. Die letzte (wirkliche) Begegnung liegt dreißig Jahre zurück, und das El Monumental gibt es nicht mehr.

Borges hasste Fußball. Dabei teilte der Schriftsteller doch mit Fußballspielern und -fans eine Seelenverwandtschaft und die gleiche (ich übertreibe ein bisschen) metaphysische Verblüffung: Er war ein großes Kind geblieben und erst relativ spät in den Genuss einer weltweiten Berühmtheit gekommen, er machte gern Scherze und propagierte eine gewisse Verantwortungslosigkeit. Borges hegte eine Faszination für böse Jungs, die *compadres*, in deren »schwarzen Augen« er »einen blitzenden Dolch« witterte, und für leichte Mädchen; für die Unterwelt in Buenos Aires und Montevideo Anfang des 20. Jahrhunderts. Borges interessierte sich für Western. Besteht der Clou dieser Abenteuer nicht im Duell, jener schicksalhaften Prüfung, bei der die Protagonisten unter Einsatz ihres Lebens die Waffe ziehen, zielen und nach Möglichkeit auch treffen, genau wie die Stürmer, deren Schicksal sich im Finale einer Fußballweltmeisterschaft entscheidet?

Borges pflegte den Kult der Vorfahren und eine gewisse Nostalgie. So wie die melancholischen Aficionados die Erinnerung an ihren Club und ihre umschwärmten Spieler hochhalten. Borges mochte die Engländer, die den Fußball erfunden hatten, und er mochte Legenden. Er hat aus Argentinien und Buenos Aires ein mythisches Stückchen Erde gemacht, so wie die Sportschriftsteller und -journalisten homerische Erzählungen und fußballerische Parabeln erdichten.

Doch wie Julio Cortázar, der ihm »völlig gleichgültig« gegenüberstand und lieber dem Boxsport ein literarisches Denkmal setzte, hasste Borges Fußball. Er sei, wie er bei der BBC zur Auskunft gab, »unästhetisch ... Elf Männer, die gegen elf weitere Männer einem Ball hinterherrennen – das ist kein sonderlich erbaulicher Anblick«. Naipaul, der Borges einen Besuch abgestattet hatte, war aufgefallen, dass sein stets sorgfältig gekleideter Gastgeber sehr darauf bedacht war, »Distanz zu Argentinien zu wahren«. Der Schriftsteller misstraute dem Pöbel, verachtete Perón (ein »Schurke«) und Evita (eine »Hure«), konnte der Massenkultur nichts abgewinnen. Fußball war ein Spiel für Idioten. Ob mit dem Ball vor dem Fuß oder auf der Tribüne, seine Anhänger wurden zu wilden Tieren, die sich von den brutalsten Regierungschefs willig manipulieren ließen. Borges hielt sich viel darauf zugute, noch nie ein ganzes Spiel mitverfolgt zu haben, so »langweilig« wie es sei. Als die Weltmeisterschaft 1978 näher rückte und das Land in Wallung geriet, äußerte sich Borges, von den Medien hofiert, immer schärfer: »Der Fußball ist so beliebt, weil die Dummheit beliebt ist.« Das Exzessive und Banale dieses Ereignisses »widern ihn an«, die WM sei ein »ordinäres Fest«, ihre Organisation eine »Katastrophe«. Er erklärt, der Fußball sei eine entsetzliche Schwäche Argentiniens und eines der schlimmsten, von England begangenen Verbrechen. Was Menotti angeht, findet er es merkwürdig, dass »sich ein intelligenter Mann darauf versteift, ständig über Fußball zu reden«. Wie Orwell in den dreißiger Jahren beschuldigt Borges den Fußball, traurige Leidenschaften und einen stumpfen Nationalismus zu entfachen. Am 2. Juni 1978, eine Viertelstunde nach dem Anpfiff des Eröffnungsspiels (Argentinien gegen Ungarn) gibt der betagte Schriftsteller eine Pressekonferenz zur Unsterblichkeit. Neben ihm auf dem Podium strahlt ein Fernseher die Begegnung aus ... Inszenierung des blinden Schriftstellers oder (diskreter) Chauvinismus seiner Zuhörer? Das bleibt bis heute ein Rätsel.

Borges stirbt am 14. Juni 1986. Das grandiose Spektakel, das eine Woche später im Aztekenstadion in Mexiko beginnen sollte – Maradona trifft im WM-Viertelfinale auf England – findet ohne seinen großen Spielverderber statt.

## Victor Hugo

In Mexiko brennt Maradona auf Revanche. Vier Jahre zuvor hatte er sich mit eingezogenem Schwanz aus der spanischen WM verabschiedet: Argentinien lag 0:3 zurück, als er für einen derben Fußtritt gegen einen brasilianischen Spieler einen Platzverweis erhielt. Seine beiden Spielzeiten in Barcelona sind enttäuschend verlaufen. Auf dem Platz gelingt es ihm zwar manchmal zu glänzen, aber mit der Stadt und ihrem ambitionierten Bürgertum, das seinen Eskapaden wenig abgewinnen kann, wird er nie richtig warm. Maradona fällt als Verkehrssünder auf, macht die Nachtclubs unsicher und probiert Kokain aus. Er prügelt sich mit hartnäckigen Verteidigern, die ihn in Bedrängnis bringen und einmal sogar den Knöchel brechen, manchmal auch auf dem Parkplatz vor einem Nachtclub. Er wechselt nach Neapel, wo er mit einem Hubschrauber, der ihn direkt auf dem Rasen des Stadio San Paolo absetzt, vom Himmel schwebt: Maradona, ganz Fleisch, Blut und Geld, ein moderner Erzengel, der Messias der süditalienischen Armen, findet in dieser ihm so ähnlichen Stadt den Überschwang und die Verehrung aus Buenos Aires wieder. Der *pibe* erstrahlt aufs Neue in seinem himmelblauen Trikot, erst später sollte sich herausstellen, dass er in sämtliche Fallen getappt war, die Neapel (und die Camorra) zu bieten hatten – Showbusiness, Frauen, Drogen.

Niemand weiß genau, in welcher körperlichen Verfassung er in Mexiko eintrifft. Nach ihrem Scheitern in Spanien wird die argentinische Elf von Oscar Bilardo trainiert, dem nadelstechenden Gynäkologen, dessen Philosophie sich seit seiner schmutzigen Kriegsführung bei Estudiantes nicht geändert hatte. Das von Menotti geliebte Spektakel gehöre ins Kino, verkündet er, das Einzige, was zähle, sei der erste Platz. Die Vorrunde und das Achtelfinale gegen Uruguay laufen wie am Schnürchen, Maradona ist topfit. Im Viertelfinale baut sich jedoch ein beachtliches Hindernis auf: Argentinien trifft auf den Erzrivalen England.

Emanzipationsbestreben, Minderwertigkeitskomplexe, Narzissmus – der argentinische Fußball hat sich immer schon am englischen (und Argentinien an England) gemessen. Nach dem ersten Erfolg der Weiß-Himmelblauen 1953 hatte Perón den siegreichen 14. Mai zum Feiertag erklärt. Ernesto Grillo, der einen Doppelpack erzielt hatte, wurde zum Nationalhelden. Erst vor Kurzem hatte Argentinien die Eisenbahn, die seit ihrer Gründung im Besitz der Briten war, verstaatlicht. Dreizehn Jahre später witterten die Argentinier nach ihrem Ausscheiden im Viertelfinale der Weltmeisterschaft eine Verschwörung der auf heimischem Boden spielenden Engländer. Nachdem ihr Kapitän Antonio Rattín unter fragwürdigen Bedingungen vom Platz verwiesen worden war, verdächtigten sie die FIFA, das Gastgeberland zu bevorteilen. Der englische Coach titulierte die Argentinier nach dem ruppigen Spiel als »Tiere«.

An jenem 22. Juni 1986 haben die argentinischen Spieler und ihre Landsleute vor dem Anpfiff nur eine fixe Idee: die Malwinen, ein von den Briten seit 1833 besetzter Archipel im südlichen Atlantik, den ihre Nation zurückfordert. Die Malwinen oder Falklandinseln, die Argentinien und seine Kriegsmarine vier Jahre zuvor ein Debakel, eine grausame Demütigung gekostet hatten, den Krieg: »Wir wussten, dass unzählige argentinische Kinder dort gestorben waren, abgeschossen wie kleine Vögel. Das war unsere Rache. Wir machten die englischen Spieler für alles Geschehene, für alles Leid des argentinischen Volks verantwortlich«, schreibt Maradona in seiner Autobiographie. Rund um das Stadion und auf den Tribünen kommt es vor dem wichtigsten Spiel in der Geschichte des argentinischen Fußballs zu Schlägereien.

Darüber wollte ich mit einem der wichtigsten Augenzeugen sprechen. Alle Argentinier kennen seine klangvolle Tenorstimme: Victor Hugo Morales hat das Spiel des Jahrhunderts damals live in Mexiko kommentiert.

Victor Hugo hat die Statur eines Opernsängers und raucht Zigarillos. Er kann dreiunddreißig Sekunden lang Gooooooooooool! brüllen, ohne je dafür geübt zu haben. Er erinnert sich an »die wahnsinnige Spannung und die geballten Emotionen« in dem von grellem Sonnenlicht beschienenen Aztekenstadion (das Spiel fand mittags statt), an die verschlossenen Gesichter der auf den Rasen trottenden Spieler und an die »verkrampfte« erste Halbzeit. In der fünfzigsten Minute verpasst ein Engländer während einer argentinischen Offensive ein Zuspiel, der Ball prallt hoch, aus dem Nichts taucht plötzlich der Teufelsbraten Maradona auf und schmettert den Ball ins Tor wie ein Volleyballspieler, vor der Nase des Torwarts, des Schiedsrichters und der ganzen Welt. »Ich habe sofort gesehen, dass er dabei die Hand benutzt hat, und habe es auch direkt gesagt. Das Tor hätte für ungültig erklärt werden müssen. Doch die Argentinier dominierten, insofern war das nur recht und billig«, lächelt Victor Hugo. Und auf die Hand Gottes folgt fünf Minuten später ein Superslalom. Ich transkribiere hier den Radiokommentar der Szene[13], die wohl nie jemand besser beschreiben wird als Victor Hugo: »Der Ball kommt jetzt zu Maradona, er hat ihn fest im Besitz, zwei Engländer decken ihn. Maradona zieht an, das Genie des Weltfußballs beschleunigt, läuft nach rechts, hat die beiden abgehängt, jetzt ein Pass zu Jorge Burruchaga ... Nein, immer noch Maradona! Ein Genie, ein Genie, was für ein Genie! Tatatatata! Goooooool! Goooooooool! Ich könnte heulen. Mein Gott, lange lebe der Fußball! Was für ein Tor! Diegooooooooo! Maradona! Entschuldigen Sie bitte, aber ich muss weinen. Maradona, was für ein denkwürdiges Rennen, unterwegs für die Ewigkeit. Du bist ein kosmischer Drachen! Von welchem Planeten kommst du, dass du all diese Engländer einfach so abhängst? Argentinien führt mit 2:0, Diego Armando Maradona, Gott sei Dank, für den Fußball, für Maradona, für diese Tränen, und Argentinien führt 2:0 gegen England ...«

Das ist überwältigend und erschütternd. Obwohl ich

diese Bilder schon hundertfach gesehen habe, rühren sie mich immer noch. Dieses Tor, dieser glühende Kommentar und die Vorstellung, dass ein Fußballspiel eine militärische Niederlage wettmachen kann, verdichtet sich in der Fußballleidenschaft der Argentinier – genau danach habe ich in Buenos Aires gesucht, weil ich es in Europa nicht finden kann. Und der Jubel des Kobolds mit der Nummer 10 nach seinem Treffer! Maradona weiß, dass er soeben in die Legende eingegangen ist. »Das war das perfekteste Tor in der Geschichte des Landes und aller Zeiten. Ich habe in meiner Karriere viele Spiele miterlebt, aber noch nie ein solches Glück empfunden. Maradona ist damals das Match seines Lebens gelungen«, sagt Victor Hugo mit leuchtenden Augen. Sein altes Indianergesicht strahlt.

Aber warum »kosmischer Drachen«? »Ich weiß es auch nicht. Der Ausdruck ist mir spontan gekommen, ich war völlig außer mir. ›Drache‹, weil Maradona sich über sechzig Meter hinweg einfach hindurchgeschlängelt hat, völlig ungreifbar, weil niemand seinen Weg voraussahen konnte. Wie ein Papierdrache ist er über das Aztekenstadion geschwebt. Und das, was er gemacht hat, war ›kosmisch‹, außerirdisch, galaktisch, oder übermenschlich, ganz wie Sie wollen. An diesem 22. Juni 1986 hatte Maradona etwas Göttliches.«

## D10S

Ein paar Tage später gewann Argentinien seinen zweiten WM-Titel im Finale gegen die Bundesrepublik Deutschland. Maradona hatte die Vorlage für den Siegestreffer geliefert, im Halbfinale war ihm ein Doppelpack gegen Belgien gelungen. Tränenüberströmt, die Hände zum Himmel erhoben, bevor er den Pokal ergriff, wurde Maradona im Triumph über den Rasen des Aztekenstadions getragen. Die Welt lag ihm zu Füßen. Noch nie war ein Spieler so prägend für einen Wettkampf gewesen, noch nicht einmal Pelé, dessen Mannschaftskollegen 1958 und 1970 doch stärker gewesen waren als Maradonas Teamgenossen in Mexiko. Argentiniens Triumph war unangefochten und wurde diesmal von nichts überschattet. Auf fremdem Boden hatte schlicht die beste Auswahl gewonnen, unter der Führung von »el 10«, dem besten Fußballer aller Zeiten, den seine Landsleute künftig nur noch »D10S«, *el dios*, nennen.

Maradona hat den Mythen des argentinischen Fußballs über Mondovision Gestalt verliehen. Endlich konnte er die hochfliegenden Träume Argentiniens verwirklichen, mit List und Genie, den legendären Waffen des *pibe*, mit dem sich sein Volk identifizierte. Maradona war das Unmögliche gelungen: der Sieg bei einer Weltmeisterschaft mit den improvisierten Tricks eines frechen Bengels, die er sich auf den Brachflächen in den Elendsvierteln seiner Kindheit selbst beigebracht hatte. Er knüpfte an die Hinterlist der *guapos*, die Gesten der Gauchos, an den Individualismus und die Unbelehrbarkeit an. Mit seinem Handtor gegen die Engländer trotzte er dem Gesetz, der FIFA und den Mächtigen, wie Martin Fierro, der erste Rebell der argentinischen Literatur, wie die Madras de Plaza de Mayo unter der Militärdiktatur. »Dieses Tor«, heißt es unverfroren in seiner Autobiographie, »war, als würde ich einem Engländer meine Hand in die Tasche schieben und ihm das Geld klauen, das ihm nicht gehört.« Er rächte sich symbolisch an den Gedemütigten und einfachen Handlangern, zu denen er selbst gehörte. Abwechselnd Künstler, Retter und Robin Hood war Maradona in jenem Juli 1986 in Argentinien das Aleph.

Doch Maradona ist ein fehlbarer Gott, ein Held à la Rimbaud, der stets nach Adrenalin lechzt, um sich lebendig zu fühlen und dabei immer wieder am Tod vorbeischrammt. Nach der Apotheose in Mexiko gewinnen seine unguten Neigungen die Oberhand, der Niedergang beschleunigt sich vier Jahre später nach der WM in Italien, wo Maradona und seine Teamgenossen nur knapp den Titel verpassen. Die Camorra lässt ihn fallen. Er muss sich der Justiz stellen, den Medien, seiner Sex- und Kokainabhängigkeit. Nach seiner Sperrung durch die FIFA mitten in der amerikanischen Weltmeisterschaft 1994 gehen die Argentinier weinend auf die Straße, ihr Traum ist aus, die Wirklichkeit hat sie eingeholt – wie beim Tod Peróns und damals, als sich ihre Truppen den Engländern auf den Falklandinseln ergeben mussten. Sie lieben ihn noch immer, trotz seiner Schwächen, seiner fragwürdigen Entscheidungen und seiner Widersprüche. Gott ist schwach und liebenswert (und manchmal unerträglich). Maradona setzt auf den großen Sprinter und Dopingspezialisten Ben Johnson, um wieder fit zu werden. Sein Herz versagt, dann wiederum pulsiert es laut, er lässt kaum eine psychiatrische Anstalt aus, keine Suchtklinik bei seinem Freund Fidel Castro. »Offenbar stehe ich direkt mit dem Bärtigen in Verbindung« (gemeint ist Gott, nicht Fidel Castro), erklärt Maradona, nachdem er dem Tod zum x-ten Mal von der Schippe gesprungen ist. Er trägt Anstecker mit dem Konterfei von Hugo Chavez, bezeichnet George W. Bush als Mörder und prangert den Kapitalismus an, während er mit der Moderation diverser Fernsehshows und als Vereinstrainer in Dubai Millionen Dollar kassiert. Später sollte er die Präsidentschaft eines weißrussischen Vereins übernehmen, dann die Leitung des mexikanischen Zweitligisten Sinaloa, dessen Drogenkartell zu den mächtigsten kriminellen Organisationen weltweit zählt. Die Argentinier lieben ihn (oder hassen ihn heute), weil er eine große Klappe hat und sich – wie Perón – als Opfer präsentiert, jemand, der unter den anderen zu leiden und immer zahlreichere Feinde hat. Maradona ist ihnen ähnlich. Erst wird er dicker, dann nimmt er ab; er strauchelt, steht wieder auf und stürzt erneut, eine ewige Wiederkehr, und doch ist der Rebell noch am Leben und pafft vor den Augen der FIFA in den diversen Logen der WM-Stadien seine dicken Zigarren. Seine Gesundheit trotzt der Medizin, so wie Argentinien seinen Gläubigern, der rationalen, standardisierten Globalisierung. Maradona und Argentinien sind lustvolle Selbstzerstörer.

## Clubwesen

In den 1990er-Jahren erfährt die argentinische Wirtschaft eine zunehmende Liberalisierung. Unter der Präsidentschaft des Peronisten Carlos Menem wird der Wohlfahrtsstaat abgeschafft, öffentliche Unternehmen werden privatisiert. Der Staat zieht sich zurück und überlässt seine ärmsten Bürger ihrem Schicksal. Auf den anfänglichen Boom folgen neue Krisen. Der Staatsbankrott im Jahr 2002 ruiniert Millionen von Kleinsparern. Ein nicht enden wollendes Debakel. Banken und Unternehmen brechen zusammen, doch die Betrüger ziehen den Kopf aus der Schlinge und die Leute meutern: Argentinien versinkt im Chaos. »Das Geld geht verloren und verschwindet auf Nimmerwiedersehen im Schlund des gemeinsamen Ozeans«, schreibt der argentinische Schriftsteller Alan Pauls in *Die Geschichte des Geldes*. Seitdem gelingt es dem Land nicht, sich zu stabilisieren. Während ich diese Zeilen schreibe, galoppiert die Inflation und dem Land droht erneut ein Zahlungsausfall. Die unglaubwürdig gewordenen Politiker stehen als Süßholzraspler und skrupellose Betrüger da.

In diesem labilen, unberechenbaren Kontext hat der Fußball noch weiter an Bedeutung gewonnen, die Quartiervereine fungieren als Rückzugsorte und Inseln der Stabilität. Im Auge des Orkans suchen die Menschen nach Verwurzelung und scharen sich um ihren Club, die letzte Institution, an die sie noch glauben. Wie Anfang des 20. Jahrhunderts bilden sie Cliquen, und der Fußball dient als Bindeglied, als große unverfälschte Fiktion. Trotz der Abwanderung der besten Spieler nach Europa, der veralteten Infrastrukturen und abgenutzten Rasenflächen, trotz der Flut an Fernsehübertragungen und der begrenzten Geldmittel büßt die Meisterschaft nichts von ihrer Beliebtheit ein, ist das Spektakel auf den Zuschauertribünen und rings um die Stadien unverändert grandios. Der Fußballverein verkörpert den kollektiven Widerstand gegen das herrschende Chaos.

## Der Sohn Gottes

In regelmäßigen Abständen, etwa alle dreißig Jahre, bringt Argentinien den besten Fußballer der Welt hervor. Zum Beispiel Alfredo di Stéfano, den ich nicht erwähnt habe, weil er den Großteil seiner Karriere im Ausland verbracht und kaum in der argentinischen Nationalelf gespielt hat (er war vor allem für Spanien im Einsatz, in Argentinien hat ihn vor der Ära der TV-Übertragungen kaum jemand spielen sehen). Dann gab es Maradona, und jetzt gibt es Lionel Messi.

Das Phänomen Messi kam am 24. Juni 1987 in Rosario auf die Welt. Auch er ist Linksfüßer, frühreif und so klein, dass ihm die Ärzte Wachstumshormone verschreiben. Seine Eltern haben für diese Behandlung kein Geld, und die Vereine, an die sein Vater sich wendet – Newell's Old Boys in Rosario, wo der Junge trainiert, und River, wo er gern spielen würde – sträuben sich, die Kosten zu übernehmen. Also filmt Jorge Horacio Messi die Glanzleistungen seines Sohnes (der 113-mal hintereinander mit einer Orange oder 140-mal mit einem Tennisball, seinem ständigen Begleiter, jonglieren kann) und schickt die Aufnahmen dem FC Barcelona. Mit dreizehn Jahren verlässt Messi Argentinien. Die Fortsetzung der Geschichte ist bekannt: sein kometenhafter Aufstieg bei dem katalanischen Verein seit seinem ersten Profispiel mit siebzehn Jahren, seine spektakuläre Statistik, Tore, haufenweise Titel und Ehrungen, darunter allein sechs Ballons d'Or, die höchste Auszeichnung für einen Fußballer.

*La pulga* (»der Floh«) ist in Wirklichkeit ein Aal. Die meiste Zeit über lauert er in der Tiefe, tummelt sich mit gesenktem Kopf, die Hände in die Hüften gestemmt, irgendwo abseits vom eigentlichen Spiel herum. Doch sobald er den Ball vor den Füßen hat, kommt Leben in ihn. Blitzschnell schlängelt sich Messi bis zur gegnerischen Abwehr durch und verwandelt sich vor dem Strafraum in einen gefährlichen Aggressor – Achtung, als Artillerist ist er ausnehmend geschickt, er kann mit beiden Füßen und aus sämtlichen Positionen schießen, flache Schüsse, heimtückische Salven, Kanonenkugeln. Seine Freistöße sind geschmeidig, seine Pässe ein purer Genuss, seine Dribblings nicht zu stoppen; selbst mit dem Kopf kann der kleine Stürmer gefährlich werden. Wie ein Computer kontrolliert und evaluiert er den Raum, seine und die Bewegungen des Gegners. Leo Messi ist ein Crack, eine Maschine, vermutlich der effizienteste und regelmäßigste Torjäger aller Zeiten beim FC Barcelona, der sich seit fünfzehn Jahren komplett nach Messi richtet (Transfers, Aufbau und taktisches Schema, Garderobe ...). In der argentinischen Nationalelf ist die Situation ein bisschen anders.

Auch in der Landesauswahl trifft er regelmäßig. Doch mit Ausnahme eines Olympiatitels hat er mit dem weißblauen Trikot noch keine Weltmeisterschaft gewonnen, die Copa America erst 2021. Alle Finalspiele, die Messi mit Argentinien bestritt, endeten mit einer Niederlage.

Die WM in Brasilien 2014 sollte sein Turnier werden, so wie die mexikanische Weltmeisterschaft Maradonas Sternstunde war. Messi wird in diesen Tagen 27 und trägt als Nummer 10 die Kapitänsbinde. Der Wettkampf findet bei dem Erzrivalen statt, Zehntausende Argentinier sind in Brasilien eingefallen, um ihre Mannschaft zu unterstützen. Trotzdem gelingt es Messi nicht, die WM zu seiner zu machen. Er erzielt keinen legendären Treffer, verblasst im Laufe der Begegnungen immer mehr, wirkt körperlich und mental ausgelaugt – wie bei jenem Freistoß, den er in der letzten Minute der Verlängerung im Finale gegen Deutschland auf die Tribüne katapultiert. Er ist in allen vier Weltmeisterschaften, die er bestritten hat, glücklos geblieben. In der Nationalelf spielt Messi nicht mit der Energie von Krieg und Liebe. Das blauweiße Trikot beflügelt ihn nicht, scheint ihn oft sogar zu lähmen. Messi gelingt es nicht, sein schweigsames, introvertiertes Wesen umzukrempeln, er ist definitiv kein Rudelführer. »Dieses Genie hat es nicht mit dem Göttlichen aufnehmen können. Wenn kein Wunder mehr geschieht (in Katar wird er schon über 35 sein), wird er für die Argentinier immer der Sohn Gottes bleiben«, sagt Victor Hugo.

Es mag ungerecht sein, aber Messis Karriere in der Nationalmannschaft steht von Anfang an im Schatten Maradonas. Ihre Persönlichkeiten könnten kaum unterschiedlicher sein. Auf dem Spielfeld war Maradona ein Architekt mit ansteckendem Überschwang, der feierliche Ansprachen an seine Truppen hielt und die Fäuste ballte, wenn Argentinien im Rückstand lag. Messi hingegen bleibt seelenruhig, murmelt etwas in seinen Bart und fährt sich mit der Hand durchs Haar. Maradona war eine barocke Erscheinung, überschäumend und exzessiv, die Karikatur des seinen Dämonen ausgelieferten Latino-Mannes in einem Roman von García Márquez oder Vargas Llosa, während Messi sanft, fast blass wirkt: Dem in einem katalanischen High-Tech-Ausbildungszentrum herangezüchteten euro-argentinischen Kunstprodukt fehlt es entschieden an Charisma. Maradona war das rote Tuch der FIFA, Messi ist ihr Liebling. Maradona hatte eines Tages erklärt, wenn er keine Drogen genommen hätte, wäre Pelé schon in Vergessenheit geraten. Messi stellt das Kollektiv in den Vordergrund und postete am Tag nach einem Champions-League-Spiel, bei dem ihm ein Viererpack gelungen ist, auf Instagram Fotos von seinen Kindern und seinem Hund. Der eine hat sein Herz geöffnet und zu viel preisgegeben, der andere rettet sich in Floskeln und sagt nie etwas, vermutlich weil er schlicht nicht viel zu sagen hat. Man weiß nur wenig über Messi. Er schwärmt für *milanesa à la napolitana* (panierte Schnitzel mit Schinken, Käse und Tomatensoße), für argentinische Pizza, die unter Bergen von Mozzarella verschwindet, und für Softdrinks. In den letzten Jahren isst er jedoch mehr Fisch für eine ausgewogenere Ernährung. Er spielt Playstation und grillt mit seinem Nachbarn, dem uruguayischen Stürmer Luis Suárez, der ihm auch beim Matetrinken und gemeinsamen Familienurlaub Gesellschaft leistet. Messi oder die Banalität des Guten, die Banalität des Genies – mit Ausnahme vielleicht der gepunkteten Smokings und der roten Dreiteiler aus Seide, die er bei den Verleihungen des Ballon d'Or ausprobiert hat, und kleinerer Steuerbetrüge in Spanien, bei denen die fälligen Bußgelder von seinem 2017 für 100 Millionen Euro verlängerten Barça-Vertrag (zuzüglich eines Jahresgehalts von 50 Millionen) locker abgedeckt wurden. Davon abgesehen ist alles sauber abgezirkelt, ganz wie es sich gehört, ohne Ecken und Kanten, und absolut steril.

Maradonas Leben erzählt den Roman Argentiniens der letzten sechzig Jahre, in Messis Leben spiegelt sich die Virtuosität und die Leere des globalisierten zeitgenössischen Fußballs.

## Auf dem Weg zum Flughafen

Argentinien ist ein nicht eingehaltenes Versprechen. Vor einem Jahrhundert hatte sich das Land mit seinen Viehherden und seinem Getreide, seiner fruchtbaren Erde, seinen Bodenschätzen und dem Öl aus Patagonien als *Eldorado* einer neuen Zeit präsentiert. Argentinien verhieß seiner jungen Bevölkerung eine glänzende Zukunft, ein Schmelztiegel der kreolischen und europäischen Völker, aus dem eine moderne, gebildete Gesellschaft hervorgehen sollte. Argentinien schien dazu berufen, die Vereinigten Staaten Südamerikas zu werden, ohne seine guten europäischen Sitten zu verlieren.

Doch bereits in den dreißiger Jahren begann, lange vor seiner Blütezeit, sein Verfall. Naipaul konstatierte das Artifizielle der Gesellschaft, die fehlenden Vereinbarungen zwischen den Bürgern, den Mangel an gemeinsamen Idealen – mit Ausnahme der Sodomie, betonte er, aber reicht das aus, um eine Gemeinschaft zusammenzuschweißen?

Noch immer ist Argentinien gespalten und weist große soziale Unterschiede auf, seine Wirtschaft ist abenteuerlich, die Politiker restlos korrupt, und seine reichsten Staatsbürger schlängeln sich am Fiskus vorbei wie der *pibe*, der auf einem *potrero* dribbelt. Es pfeift auf die geltenden Rechnungslegungsnormen, die angelsächsischen Diktate in punkto Transparenz und Haushaltsdisziplin.

Den Argentiniern graut es vor allem Mittelmäßigen und vor Kompromissen, sie essen mittags wie abends Fleisch. Amazon hat in Argentinien nicht Fuß fassen können, Buenos Aires besitzt die meisten Buchhandlungen auf der Welt, und seine kulturelle Szene ist ausgesprochen lebendig. Argentinien tut nur, was ihm passt, das macht es so charmant, aber erfolgreich ist es damit nicht geworden.

Nur im Fußball. Der Fußball ist der einzige Bereich, in dem das Land seine Versprechen gehalten und sogar übertroffen hat. Es hat nicht nur den »kosmischen Drachen« und zwei Genies hervorgebracht, sondern auch bedeutende Vereine, Legenden und Aberhunderte glänzender Spieler und charismatischer Trainer.

Die ärmsten Argentinier identifizieren sich übermäßig mit den Fußballern, weil sie erstmals im Leben eine Chance haben, zu gewinnen. Und wenn die Nationalelf ein internationales Turnier bestreitet, findet die entzweite Gesellschaft zusammen und feiert.

Unsere fünf Wochen in Buenos Aires gehen dem Ende zu. Wir sind traurig, haben überhaupt keine Lust, zurückzureisen. Der Chauffeur tut sein Möglichstes, denn Annabelle und ich sind spät dran. Direkt an der Autobahn, nur zwei Kilometer vom Flughafen entfernt, befindet sich das Trainingszentrum der argentinischen Nationalmannschaft. Am Straßenrand stehen zwei große Werbetafeln. Flüchtig nimmt der ‹eilige Reisende ein paar blau-weiß ausstaffierte Stars wahr. Als sollten die Argentinier vor der Abreise die Gesichter ihrer besten Botschafter in Erinnerung behalten.

*Buenos Aires, München, Straßburg,
November 2019–Januar 2020*

## *Und jetzt*

*Dieses Buch hätte eigentlich im Mai 2020 erscheinen sollen. Aufgrund der Pandemie wurde der Erscheinungstermin um ein Jahr verschoben. Wohl kaum einem wird entgangen, sein, dass zwischenzeitlich Diego Maradona gestorben ist. Und mit ihm eine bestimmte Idee des Fußballs: ein Fußball aus Fleisch und Blut, poetisch, barock und widersprüchlich. Man konnte klein und rundlich und doch der beste Fußballer der Geschichte sein. Man konnte die Nachtclubs unsicher machen und trotzdem den Weltmeistertitel gewinnen. Maradona war ein fehlbarer Mensch. Er war eine Ausnahmeerscheinung und uns doch so ähnlich. Er war erfolgreich und gescheitert, er hatte gelogen, Spaß gehabt und geschummelt, und er hatte geliebt; er hatte gelitten und bereut, er lebte in der Furcht Gottes und pflegte Umgang mit dem Teufel. Zu Zeiten Maradonas war der Fußball eine Schauspielkunst: ein Spiegel des Menschseins.*

*Auf den Schurken-Fußball folgte der Cyborg-Fußball, trainierte Körper, der Kult von Plastik und schönem Schein, die Trikots und Clubs, nicht wiederzuerkennende Spieler, sterile Reden und Inszenierungen. Money, money. Die Brandstifter verfolgen weiterhin ihre Politik der verbrannten Erde. Die Stadien sind leer, die Übertragungsrechte und Einschaltquoten gehen zurück, zu viel Fußball macht den Fußball kaputt, aber sie wollen das Tier bis zum letzten Tropfen ausbluten lassen. Es ist ein Jammer: Wir haben den Fußball so geliebt.*

## Anhang

ANMERKUNGEN

1 Bartolomé Bennassar und Richard Martin, *Histoire du Brésil, 1500–2000*, Paris: Fayard 2000, S. 133.
2 Alain Rouquié, *Le Brésil au XXIème siècle*, Paris: Fayard 2006, S. 57.
3 Roberto Da Matta, *Carnavals, bandits et héros. Ambiguïtés de la société brésilienne*, Paris: Seuil 1983, S. 234.
4 Gespräch mit dem Autor in Rio, 29. November 2013, das am 11. Dezember 2013 in *L'Express* veröffentlicht wurde.
5 https://www.youtube.com/watch?v=RN9I3iqO_K8
6 Alex Bellos, *Futebol, The Brazilian Way of Life*, Bloomsbury 2002, S. 169.
7 Sergio Buarque de Holanda, *Racines du Brésil*, Paris: Gallimard 1998, S. 122.
8 Jean-Paul Delfino, *Brasil Bossa Nova*, Edisud, 1988, S. 35.
9 Louis Calaferte, *Septentrion*, Folio 1990, S. 219.
10 https://www.youtube.com/watch?v=uE5MOXVLU3s
11 https://www.youtube.com/watch?v=mMQozjLn5QE
12 https://www.youtube.com/watch?v=in6vTcTuGkQ
13 https://www.youtube.com/watch?v=1wVho3I0NtU

BIBLIOGRAPHIE

Pablo Alabarces: *Heroes, machos y patriotas*, Aguilar, 2014.

Pablo Alabarces: *Fútbol en America latina*, Turner Publicaciones, 2018.

Jorge Amado: *Bahia de tous les saints*, Gallimard, 1938.

Jorge Amado: *Le Pays du carnaval*, Gallimard, 2004.

Mário de Andrade: *Aimer, verbe intransitif*, Gallimard, 1995.

Mário de Andrade: *Macounaïma*, Stock, 1997.

Eduardo Archetti : »El potrero y el pibe, territorio y pertenencia en el imaginario del fútbol argentino«, in: Horitonzes antropologicos, Dezember 2008.

Jacqueline Barnitz: *Twentieth century Art of Latin America*, University of Texas Press, 2001.

Rüdiger Barth & Giuseppe di Grazzia: *Die 10 Magier des Fußballs*, Piper, 2004.

Alex Bellos: Futebol, *The Brazilian Way of Life*, Bloomsbury, 2002.

Bartolomé Bennassar & Richard Martin: *Histoire du Brésil 1500–2000*, Fayard, 2000.

Carmen Bertrand: *Buenos Aires 1880–1936, Un mythe des confins*, Autrement, 2001.

Adolfo Bioy Casares: *Mémoire sur la pampa et les gauchos*, Héros-Limites, 2019.

Jorge Luis Borges: *Le Tango: quatre conférences*, Gallimard, »Arcades«, 2018.

Chico Buarque: *Quand je sortirai d'ici*, Gallimard, 2012.

Sergio Buarque: *Racines du Brésil*, Gallimard, 1998.

Andreas Campomar: *Golazo! A History of Latin American Football*, Quercus Editions, 2014.

Ruy Castro: *Garrincha, The Triumph and Tragedy of Brazil's Forgotten Footballing Hero*, Yellow Jersey Press, 2013.

Blaise Cendrars: *Le Brésil, Des hommes sont venus*, Gallimard, 2010.

Jean-Paul Delfino: *Brasil Bossa Nova*, Edisud, 1988.

Armelle Enders: *Histoire de Rio de Janeiro*, Fayard, 2000.

Roberto Fontanarrosa: *Los mejores cuentos de fútbol*, Planeta Argentina, 2017.

Gilberto Freyre: *Herrenhaus und Sklavenhütte*, dtv, 1990.

Julio Frydenberg: *Historia social del fútbol*, Siglo XXI, 2011.

Eduardo Galeano: *El Fútbol a sol y sombra*, Siglo XXI, 1995.

Eduardo Galeano: *Cerrado por fútbol*, Siglo XXI, 2017.

David Goldblatt: *The Ball is Round, A Global History of Football*, Viking, 2006.

David Goldblatt: *The Age of Football, The Global Game in the Twenty-First Century*, Macmillan, 2019.

Peter Handke: *L'angoisse du gardien de but au moment du penalty*, Gallimard, 1982.

Verena von der Heyden-Rynsch: *Apogée et déclin, Le Siècle d'or espagnol*, Gallimard, 2011.

Garry Jenkins: *The Beautiful Team*, Simon & Schuster, 1998.

Simon Kupper: *Football against the Enemy*, Orion, 2003.

Simon Kupper: *The Football Men*, Simon & Schuster, 2011.

Gilles Lapouge: *Dictionnaire amoureux du Brésil*, Plon, 2011.

Janet Lever: *Soccer Madness*, Waveland Press, Inc, 1995.

Roberto Da Matta: *Carnavals, bandits et héros*, Seuil, 1983.

V. S. Naipaul: *Le Retour d'Eva Perón*, 10/18, 1989.

Pablo Neruda: *Odes élémentaires*, Gallimard, 1974.

Pier Paolo Pasolini: *Les Terrains, écrits sur le sport*, Le Temps des Cerises, 2012.

Octavio Paz: *Le Labyrinthe de la solitude*, Gallimard, 1972.

Maria Isaura Pereira de Queiroz: *Carnaval brésilien*, Gallimard, 1992.

Peter Robb: *A Death in Brazil*, Bloomsbury, 2005.

Clément Rosset: *Tropiques*, Minuit, 2010.
Alain Rouquié: *Amérique latine, Introduction à l'Extrême-Occident*, Seuil, 1998.
Alain Rouquié: *Le Brésil au XXIe siècle*, Fayard, 2006.
Eduardo Sacheri: *Esperandolo a Tito*, Alfaguara, 2015.
Jonathan Wilson: *Angels with Dirty Faces, The Footballing History of Argentina*, Weidenfeld & Nicolson, 2016.
Stefan Zweig: *Brasilien. Ein Land der Zukunft*, Insel Verlag, 1981.

So Foot, »spécial Argentine«, Winter 2018.

## DISKOGRAPHIE
Milton Banana: *Aos amigos Tom, Chico e Vinícius*, Sony BMG, 1989.
Banda Black Rio: *Gafieira Universal*, RCA, 1978.
Jorge Ben Jor: *Novo Millenium*, 2004.
Bossa Jazz: *Soul Jazz Records*, 2011.
Chico Buarque: Live au Zénith, RCA, 1990.
– *Sinal Fechado*, Philips, 1987.
– *Opera do Malandro*, Universal, 1978.
Caetano & Chico: *Juntos e ao vivo*, Philips, 1993.
*Ninho de Cobras*, Sony BMG.
*Elis*, N°2, Fontana, 1973.
Gilberto Gil: *Copacabana mon amour*, Discobertas, 1970.
Jazzanova: *Paz e Futebol*, Sonar Kollektiv, 2006.
Tom Jobim: *Wave*, A&M Records, 1967.
*The Existential Soul of TIM MAIA*: Luaka Bop, 2012.
Sergio Mendes & Brasil '66: *Fool on the Hill*, A&M Records, 1968.
Sergio Mendes Trio: *Bossa Nova York*, Elenco, 1964.
*Gilles Peterson in Brazil*, Ether Records, 2004.
Baden Powell: *Quartet Vol. 3*, Barclay, 1971.
Baden Powell: *Vivo São Paulo*, Atlantic, 1979.

Sambalanço Trio: *Improviso Negro*, Ubatuqui, 1965.
Marco Valle: *The Essential*, Vol 1&2, EMI, 1995.
Caetano Veloso: *Bicho*, Philips, 1977.
Heitor Villa-Lobos: *String Quartets*, Dorian Recordings, 1998.
– *Bachianas Brasileiras*, EMI, 1998.
Tom – Vinícius – Toquinho – Miucha: *Gravado ao vivo no canecao*, Som Livre, 2000.
Zimbo Trio: *DeciSão*, Dicobertas, 1969.

https://soundcloud.com/daniel-haaksman (baile funk)

*Mein Dank geht an*

*Für Brasilien*
Chico Bosco, Priscila Lopes, Walter Salles, Jérémie Desjardins, Marcos und Pedro Uchôa, Sergio Rodrigues, Alain Rouquié, Lila Azam Zanganeh, Carola Saavedra, Simon Kuper, Marion Loire, Fanny Lothaire und Alfredo Valladão.

*Für Argentinien*
Muriel Beyer, Emmanuel Clerc, François Samuelson, Yann Lorvo, Mateo Schapire, Caroline Coll, Paola Lucantis, Paulina, Pablo Alabarces, Ezequiel Fernadez Moores, Victor Hugo Morales, Daniela Gutierrez, Maria Claudia, Jean-Paul Enthoven, Rodolfo Donofrio, Diego Dantili, (Oscar Menotti), Marc Keller, Thierry Hubac, Simon Kuper, François-Henri Désérable, Leïla Slimani, Thierry Frémaux, Étienne Gernelle, Sébastien Le Fol, Maxime Goldbaum, Adrien Bosc, Alexandra Schwartzbrod.

*Für Annabelle –*
*Stern der Nächte von Buenos Aires.*